U0734371

将成本削减到底

推动企业利润新增长

温兆文——著

人民邮电出版社

北京

图书在版编目（CIP）数据

将成本削减到底：推动企业利润新增长 / 温兆文著
. — 北京：人民邮电出版社，2022.1
ISBN 978-7-115-56573-0

Ⅰ. ①将… Ⅱ. ①温… Ⅲ. ①企业管理－成本管理
Ⅳ. ①F275.3

中国版本图书馆CIP数据核字(2021)第096850号

内 容 提 要

开源节流是企业经营中永恒的主题，而节流所对应的就是成本削减。但同时成本削减由于与企业的战略、绩效及管理有着千丝万缕的关联，也成为了令企业家们最头痛的问题，如何在保证产品质量的前提下削减成本，如何在不损害员工利益的情况下削减成本以及如何正确地找到成本削减的空间都是直击管理者痛点的问题。本书针对成本削减的核心思想与重要方法，用风趣幽默的语言及轻松有趣的对话展开叙述，从如何科学找到成本削减的空间，如何在采购、制造、营销等企业经营的重点环节实现成本削减，再到最终如何让管理制度顺利落地，循序渐进地教会读者如何利用成本削减为企业持续输送利润。

本书适合企业财务人员、管理者以及想要了解成本削减的企业员工阅读和学习。

◆ 著　　　　温兆文
　责任编辑　刘晓莹
　责任印制　彭志环

◆ 人民邮电出版社出版发行　　北京市丰台区成寿寺路 11 号
　邮编　100164　　电子邮件　315@ptpress.com.cn
　网址　https://www.ptpress.com.cn
　廊坊市印艺阁数字科技有限公司印刷

◆ 开本：700×1000　1/16
　印张：16.5　　　　　　　　2022 年 1 月第 1 版
　字数：191 千字　　　　　　2025 年 4 月河北第 11 次印刷

定价：79.80 元

读者服务热线：(010)81055296　印装质量热线：(010)81055316
反盗版热线：(010)81055315

成本管理：企业管理者的终生必修课

在这样的时点，谈成本管理，重新审视企业成本管理的道和术、是与非，有重要的现实意义。

在过去几年，元年研究院举办或参与过多场专业论坛、企业培训、直播课程活动，同时通过线上或线下的方式，也陆陆续续开展了多次调研。作为一名在财务领域摸爬滚打多年的老兵，无论是在各会场间听各位嘉宾演讲，在私下场合和众多企业界朋友聊天，还是通过调研问卷分析企业对管理的认知和做法；我常常都会有一种强烈的感受：相比以往，如今，企业的管理者们在更多地关注"危机"了。

其实，回顾这些年的经历，中国企业无不是在穿越"危机"中度过的。作为一家专注企业管理创新实践、理论探索、企业信息化变革的专业研究机构，元年研究院自创立以来，就力图倡导企业管理者要充分发挥"管理风险、价值创造"的关键作用，提升反脆弱性。但客观地说，这一点并没有真正地实现。无论是出于经营惯性还是逐利本能，很多企业在经营活动中，总是倾向于将重心放在利润、投资效率和投资回报这些指标上。所以，如今的这种企业情绪变化，可能只有一种缘由：经济的不断变化，确实让一些企业开始感到"痛"了。

观照当下中国和世界的宏观经济和政治环境，中国企业家的担忧似乎不无道理。作为国家宏观叙事下的微观个体，当今中国企业所面对的困难显而易见：突如其来的新冠肺炎疫情以及此后的常态化发展，使得很多企业陷入收入断崖式下跌、订单萎缩、供应链紊乱，土地资金、人力资源成本等开支却依然不减的困局，部分企业甚至被推到了死亡边缘。以往，中国企业家长期习惯于收入线性增长与市场扩张的环境，在收入下降、市场需求下降的情况下，对企业经营和管理者的智慧形成了新的考验。此外，国际贸易摩擦不止，逆全球化浪潮在世界范围内回潮明显，越来越多变的国际政治环境，则给企业经营平添了更多扰动因素——但相对这些可视的、更容易量化的因素，中国企业可能更可感到警惕和焦虑的，还是那些看不见的东西，即新的经济周期所带来的不可预知性。

既然不可避免，那我们就要学会坐下来与危机带来的不确定性好好相处。元年研究院一直强调：用好管理会计是企业从容面对不确定性的制胜之道。面对不确定性，企业首先要确保自己能够活下来。开源艰难，则更要节流。即如本书所言，要将成本削减到底。

对企业来说，成本管理是一个既古老，又常论常新的话题。成本管理大概也是企业管理中使用频率最高的词汇之一。在企业经营活动中，成本具有普遍性，贯穿企业经营活动的各个价值环节和各个业务场景，几乎"无处不存在，无时不发生，无人不发生"。

对成本管理的研究也并不是一个新兴领域，它早在19世纪工业经济萌芽时期就已经存在。及至今天，在新技术影响下，成本管理无论在理论还是应用层面都面临巨变。一方面，智能制造使企业生产组织和分工方式更倾向于网络化、扁平化，个性化客户需求逐渐成为企业设计和生产产品或服务的起点，个性化定制模式的兴起改变了生产方式，对成本控制和产品定价提出了更高的要求；另一方面，出于对绿色、创新、自动化技术的追求，企业在生产设备、技术研发、控制系统上需进行更大的投入，无疑将使企业的成本结构、成本管理对象、成本环境发生变化。在此背景下，企业的成本管理将面临一系列新的挑战，并呈现出新的内涵。全周期、全链条、即时化、动态化、与业务融合的成本管理逐渐成为共识。

新技术应用层出不穷，成本管理工具和方法不断丰富，但运用之妙，却存乎一心。坦白说，在近些年和企业接触的过程中，可以很深刻地感受到，很多企业在成本管理方面做得并不够好，这突出表现在以下几个方面。

一是在意识层面，绝大多数企业都没有建立"成本管控，人人有责"的企业成本管理文化，企业成本管理走不出单纯依靠公司财务人员管理成本的窠臼，业务部门及其他职能部门的人员比较缺乏成本控制意识，他们误认为只有财务部门需要承担成本控制责任，而没有意识到企业内部所有人员、各个价值环节其实都在发生成本，所以，财务部门保险箱中、银行账户中放的钱是钱，而车间中的设备、原材料、库房中的存货却不是钱；财务账上不能差一厘一毫，但现场却浪费惊人、无人问津，人为地把成本的概念变狭隘化，导致了成本控制效果的弱化；

二是成本管理和企业战略相脱离，在成本管理过程中，一味强调降低成本，把降成本当做成本管理的唯一目标，缺乏成本效益分析，成本管理活动中的短视效应，在一定程度上弱化了产品和服务的竞争力，对企业的长期发展带来不利影响；

三是没有建立全面、系统的成本管理思想，成本管理活动只是停留在企业价值链环节的其中一隅，头痛医头，脚痛医脚，采购花钱多了就控制采购成本；销售成本高了就控制营销成本，生产成本高了就控制生产成本，结果内部成本低了，外部成本却高了；直接成本少了，间接成本却多了；客观成本控制住了，主观成本却忽视了；控制了眼前的成本，忽视了战略成本……按下个葫芦起个瓢，掉进顾此失彼的误区。

以上所述种种，温兆文老师在本书中都有相应论述。围绕企业价值链中的重点环节，本书从设计、研发，到采购、制造，再到营销；从ABC作业成本法，到价值流向控制法，再到ABB作业预算法，通过虚拟人物袁莲和温兆文老师的对话，结合企业实际的经营场景，深入浅出地将企业成本管理中的智慧一一道破。

最后想说的是，作为与温老师相识长达十余年的老朋友，我很高兴再次为他的新书作序。元年研究院自创立之日起，就以开放、分享、合作、共创为宗旨，愿成为一座桥梁、一条纽带、一个平台，连接所有有志于管理会计发展的老师们，互为助力、共同成长，一起推动管理会计的繁荣发展。感谢温老师对我们始终如一的信任、帮助和支持，更加感谢温老师多年来不下讲台、不辍笔耕，再次为我们带来这一本接地气的好书。

衷心希望每位读者，都能够从此书中有所得、有所悟。

元年科技副总裁、元年研究院执行院长　盛桢智赚钱是企业重要的目标之一，企业如何赚钱？只有两条路：开源和节流。开源就是挣钱，节流就是省钱，开源和节流都做到了自然就赚钱了。成本削减就是为了省钱。能不花钱就不花，能少花钱就少花，这是一句人人都知道却很难做到的话。

我父亲曾经说过，没有能耐挣钱还没有能耐省钱吗？在人们看来，省钱是一件没有什么学问的事情。从现在出的书来看，省钱确实也没什么学问。

我曾经阅读过一些有关成本削减的书籍，其中有外版书也有内版书，它们的标题都起得非常有吸引力，但是在内容上却并没有给出科学、实用的成本削减方法。有的作者通篇都在吹嘘自己削减成本的"辉煌业绩"，有的作者甚至混淆了成本削减与成本转嫁，直接把削减成本的"砍刀"砍向了自己的员工，这属于欺负弱势群体。然而这些书的销量都不错，甚至得到了很多老板的赞赏，这种错误的观念和做法令人担忧。我是老师，喜欢上课，不喜欢写书，我一直有一种偏见，写书的人往往肚子里并没有什么干货，写出来的都是华而不实的漂亮话，并没有什么真知灼见，这种偏见显然是错误的。听过我课的一些朋友希望我写书，说这样可以引导正能量。后来我写了几本书，市场反应还不错。有些企业把我的那几本书指定为管理人员必读书，我受宠若惊。人就怕夸，一夸就分不清东南西北了，于是我开始写更多的书。引领正能量说不上，我也没有那么崇高的志向，不被人骂、对企业有用就可以啦！

　　这本书是我将十多年来讲课中的精华浓缩而成，采用老师和学员对话的形式，从成本的战略设计、运营各环节降低成本的工具使用、方法演练到奖惩制度设计都有涉及，用实际案例逐一介绍设计、采购、制造、营销、研发等环节成本削减的方法和工具。本书虽以制造业为主线展开，但涉及的方法和工具各行各业均可应用，是一本可读性强、应用程度高的读物。

　　我相信，读完此书，你总能从中学到一两种方法应用到公司之中。不敢保证有很好的成效，但帮助公司赚回买这本书的成本还是绰绰有余的，对得起你的时间和金钱。

　　这年头能坐下来读书的人越来越少。在智能手机时代，许多人追求碎片化知识，它让一些人以为自己聪明，从而轻视读书人。只看前几章，就开始评论好坏，不足取也。所以，建议读者朋友们从头到尾读完本书再做评论。有句俗话说得好："高手在民间。"拍砖谩骂、真知灼见，我洗耳恭听，均可接受，但前提是读完本书！

本书的人物介绍：

温老师，财务管理名师，有十多年世界 500 强企业财务管理的工作经历，拥有丰富的实战操作经验，擅长成本削减、全面预算管理、内部风险控制等方面的实战工作。

袁莲，集团企业的财务总监，有着近十五年的财务经验，曾做过成本会计、总账会计，负责过预算管理、资金管理、风险控制等工作，现负责企业的成本控制工作。

第 **4** 篇　**采购环节的成本削减**

第 1 篇

花钱和省钱的
正确方向
——成本削减的战略设计

袁莲是一家集团企业的财务总监。作为企业的财务负责人，最近，她和老板以及下属子公司负责人沟通得最多的一件事就是如何控制成本。她为此做了很多工作，但是结果都不理想。

在老板看来，很多地方花的钱都是不必要的。但是在各个部门的负责人看来，每一笔花销都是为了业绩，少花钱就少做事，少做事就会少挣钱。袁莲卡在中间，很容易成为"背锅"的人，左右为难，不知道到底该怎么做。

一位同行好友向她推荐了行业内财务管理名师——温老师。温老师有十多年世界500强企业财务管理的工作经历，拥有丰富的实战操作经验，擅长成本削减、全面预算管理、内部风险控制等方面的工作。温老师一定会在成本削减方面给她最大的帮助。

几经周折，袁莲终于见到了温老师。

成本削减是一门情商课

老师，您好！早就听说您是有名的国际财务管理专家，一直想跟您学习，但是没有机会。这次拜访您主要是想向您请教如何做好企业的成本削减。

谢谢！你的话让我有点受宠若惊，我有那么出名吗？

嗯，是的。

一听就是敷衍，有名也是道听途说吧？其实你之前根本就不知道我，我也不知道你，我们都是"无名之辈"。这个不重要。你做财务多少年了？

我研究生毕业后就在企业工作，做过成本会计、总账会计，负责过预算管理、资金管理、风险控制等工作，到今年已经快十五年了，现在负责企业的成本控制工作。

是个从小会计做到大会计的人，幸亏做了财务总监，否则就变成老会计了。你知道做会计时间长了会有什么职业病吗？

腰椎间盘突出？

我指的是精神方面。

固执！

我曾经在一家央企上课，来听课的是各公司总经理，跟会计打了快一辈子交道，我让他们用一个词描述他们心目中的会计。你知道他们的答案是什么吗？跟你说的差不多，他们给的词是"呆板"，比你的描述更负面一些，说明你对该行业的判断比较准确。什么样的人让人感觉"固执"？智商高、不想上当受骗的人。智商高是财务人员的特点，但是有时候智商高的人，情商不一定高。什么叫情商？在我看来，情商就是不伤大雅地赞美，不伤自尊地迎合。当我问道我是否有名时，情商高的人马上就说：是的，非常有名，我就是冲着你来的。可能其实并不是，但满足了我的虚荣心。有什么不好？许多好事都是这样开始的。再问一次，我是不是有名的财务管理专家？

是！

回答很坚定，这就对了！提高智商很困难，从幼儿园到研究生一路学习，也未必能提高到位。但提高情商很容易，立马就能提高，刚才你就提高了。其实你刚才的表现也是财务人员的正常表现。财务人员擅长的是与数字和计算机打交道，与人打交道就显得没那么自如。假如今天来的是一名销售人员，他会先拿出自己的名片，和见到的每一个人都握手、交换名片、聊两句。

老师，您说得很对，有的财务人员交际、沟通能力的确不太好。但是，这和我们即将讨论的成本削减有什么关系吗？在我看来，成本削减就是和计算机、钱打交道，还需要和人打交道吗？

你要进行成本削减，就无法避免和老板沟通，也必须与其他部门、与下属公司沟通，争取得到他们的理解和配合。成本削减最终的实施者是业务部门，财务出题，业务做事。一个人做事需要智商，一群人做事需要情商。所以，成本削减比拼的是情商。算对账，有智商就行，搞管理，智商和情商都需要。

您说得太对了！我们财务人员发现业务部门有很多地方有降低成本的空间，他们也承认，但是他们嫌麻烦，就是不愿意去做。这正是最让我头疼的地方。

不是他们不愿意，是你的情商不够。现在你明白了吧！成本削减是一个群体活动，所以它是一门情商课。这也是我给你上的第一课。

老师，您好！

你好！

袁莲

温老师

成本削减是一门情商课

这笔账该报销吗

老师，我们公司一提到控制成本，首先就想到财务部门。成本有问题，老板第一个责怪的也是财务部。作为财务部门，我们在支出控制方面很严格，但是我们总被业务部门抱怨，说成本越控越高。我们也不知道错在哪里。

错在哪里呢？我们一起看一个案例。

采购员和司机老陈一起去提货。货物并不多，他们找了一家运输公司，报价60元。老陈想了想，跟采购员说："干脆咱俩找一辆板车拉回去吧，这60元的运输费不就归咱俩了吗？刚好附近我有一个熟人，他有板车，我们可以跟他借一下。"

采购员说："自己花力气拉，没有发票，会计根本不给报销。"

老陈说："没有发票有什么关系，会计也不傻，难道这批货物会自己跑到厂里去？要是会计有意见，咱们少报点儿，报30元。这样厂里省钱了，咱们也赚钱了。"

采购员还是不想这么做，但是老陈坚持，他只好跟老陈一起用板车把货拉回了厂里。让老陈万万没想到的是，报销的时候他真的在会计那里碰了钉子。

如果你是会计，你会给老陈报销这笔账吗？

肯定不能报销，他没有发票。

老陈厂里的会计和你想的一样。

老陈一回到厂里就去找会计，准备报销30元。会计听完老陈的讲述，跟他说："大叔，你拉板车的钱不能报。"

老陈急了："为什么不能报？找运输公司得花60元，我只要30元，给厂里节省一半。这还不能报？"

会计说："没有发票，就是一分钱也不能报。这是制度！"

老陈说："你那个制度不合理！"

会计说："它合法。"

老陈说："不合理的法，那算什么法？得改！"

会计说："不合法的理，那算什么理？歪理！"

俩人就这样你一言我一语地吵了起来。吵到最后，老陈气急败坏地说："跟你说不清，我去找厂长说！"

会计看着老陈的背影，喊了一句："没有发票，找谁也没用！"

如果你是厂长，老陈来找你说这件事，你怎么回答？

四个选项：

A.不予报销；

B.让老陈自己去找发票再报销；

C.批评会计；

D.批评老陈。

我可能会选A吧。

其实这种情况可以按照劳务费报销，会计肯定希望厂长选择A，这样就验证了他说的：找厂长也没用。但这类案例，社会上会有违规操作，即有的厂长会选择B，让老陈自己去找发票。如果老陈开了一张60元的发票给他。他就能拿着发票，找到厂长签字，再到会计那里报销60元。

原来只需要报销30元，现在报销了60元。

凭发票报销是不是成本管控？是。但是违规操作下，最后成本不但没有削减，反而增加了。

对，我在做成本削减时经常会遇到这种情况，明明是为成本削减制定的制度，结果反而导致成本增加。

我们再看另一个案例。

"多出来"的发票

销售员："经理，订单终于签下来了。"

销售经理："太好了，这样你今年的任务将超额完成，可喜可贺。"

销售员："昨天签完合同，请客户吃了饭。这张发票您签个字。"

销售经理："应该的。这个单子可以让公司赚400万元，老板知道会非常高兴的，一定会大大地奖励你。"

销售经理拿过发票正要签字，却突然停下了。

销售经理："哎？你这笔招待费超标准了，公司规定900元，你怎么花了1 300元啊？"

销售员："本来想吃个便饭，但客户高兴，多点了些菜，所以就超了。"

销售经理："我先给你签了，但是不知道财务给不给报销，不行的话就回头再说吧。"

如果你是会计，你给不给这个销售员报销这笔招待费？

按制度来说，不能报销。

我们继续讲这个案例。

销售员拿着报销单找到会计。会计一看，直接就说："你这笔钱不能报销。"

销售员一听就不太高兴了，问道："为什么？"

会计说："超标准了。"

销售员说："我签了一个1 000万元的合同，公司可以赚400万元。这是跟客户一起吃饭花的钱。"

会计说："签一亿元的合同也不行，得按制度办事。"

销售员只好拿着报销单回到办公室。他非常生气。这时旁边有个同事问他什么事，他把来龙去脉一说，那个同事马上说："你傻吗？你不能开成两张发票啊？"销售员顿悟。

于是，销售员先后通过两张发票，报销了1 300元。

这件事销售经理知道，会计也知道。所有人都在造假，而且心安理得。这种所谓的成本管控管控到最后，公司的成本并没有得到削减，结果把一个诚实的人变成了一个弄虚作假的人，关键是没有人认为这是错误的。

我认为这是个别现象，不具有普遍性。不能因为个别现象就否定成本管控的积极意义。

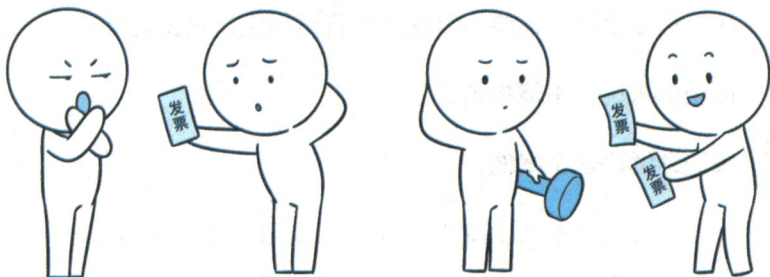

"多出来"的发票

预算是如何演变成推动"花钱竞赛"的工具的

某公司的招待费一直超支，基本上处于失控状态。财务部门提出进行预算控制。很快，销售经理来到财务经理的办公室。

销售经理："李总，我们接到你们要求编制招待费预算的通知了，这个招待费预算怎么编制啊？"

　　财务经理："你们部门去年花了4万元,今年公司给你们部门的销售任务是多少?"

　　销售经理："比去年翻一番。"

　　财务经理："你就依据这个提出预算申请,然后总经理批准就行了。"

　　销售经理："报多少合适啊?"

　　财务经理："你看着办吧。"

　　销售经理回到自己的办公室,在预算表上填了6万元,报给了销售副总。

　　销售副总一看预算表,跟销售经理说："你报6万元,总经理就会批给你6万元吗?你不知道总经理的风格啊?报10万元!"

　　10万元的预算报到总经理那里,总经理一看就火了："疯啦,抢钱啊?"于是,总经理挥笔把预算改成了6万元。

销售经理本来只想报6万元。

但是销售副总让他报10万元,总经理批了6万元。批多少是合适的呢?没有人知道。不管多少,现在咱们看看管控的效果如何。一月到十月,销售部门招待费只花了3.2万元,成本管控得很好,需要招待的地方就招待,不该花的钱坚决不花。

那还不错,最后两个月还剩下2.8万元的招待费预算。

你认为销售部门对剩下的2.8万元是什么态度?

这个还真不好说。

现实情况是大部分企业的销售部门都会选择把剩下的钱花了。花到什么水平？一般是花到27 999.99元。招待费表面上是控制了，可实际效果可能还不如不做预算。没有预算时，销售部门在招待方面不知道要花多少钱，所以花钱时小心翼翼。有了预算，他们理直气壮地开始花钱，觉得自己花得一分钱不剩也是应该的。于是成本管控演变成了年初"抢指标"，年末"抢花钱"。稍微有点阅历的人都知道，这是普遍现象。就是因为这是普遍现象，人们才把这个现象叫作"杰克·韦尔奇死结"。杰克·韦尔奇是通用公司前总裁，他在通用公司发现了这个预算现象，对此深恶痛绝。他说预算是企业的祸根，有了预算等于给员工打造了一个讨价还价的平台，让员工追求最小绩效和最大资源。上述案例中的会计、销售员、销售经理在工作上都兢兢业业，都在为了企业的发展而努力，但是结果却都违反了成本管控工作的初衷。想知道其中的问题究竟出在哪里，我们需要好好思考下面四个问题。

1.成本管控按制度管控究竟对不对？

2.成本管控按标准管控究竟对不对？

3.成本管控按预算管控究竟对不对？

4.成本管控由职位高的人负责究竟对不对？

判断一个问题的对错，主要是看角度、方向、方法和结果。如果我们站在财务人员的角度来看，这些管控的方向都是对的，但结果不对就一定是方法不对。我不认为成本管控是一个会计话题，站在会计的角度去分析对错，往往会把大家引入歧途。成本管控是财务管理话题，我们必须站在企业的角度展开。

成本管控工作需要我们好好思考四个问题

企业与赚钱的关系

什么是企业?

企业是以营利为目的的经济组织。

我们搜索一下：企业一般是指以营利为目的，运用各种生产要素（土地、劳动力、资本、技术和老板才能等），向市场提供商品或服务，实行自主经营、自负盈亏、独立核算的法人或其他社会经济组织。什么是营利?

营利就是赚钱。

什么是赚钱？一百元变二百元、二百元变四百元、四百元变八百元……有不同意见吗？

完全同意。

顾名思义，企业就是"企图成就一番事业"。成就一番事业的形式有很多，可能是做出某个领域最好的产品，可能是为客户提供最好的服务，也可能是让更多的人知道某一种文化、技艺。任何事业的成就都必须得到志同道合的工作伙伴的支持，有物质条件的支撑，而这些都需要资金来支撑。大多数人成立企业的目的是在经营中赚到一定数额的钱，再用这笔钱去支持自己的事业，继而扩建生产线、投入更多的宣传费、提升服务质量，完成企业成立之初的梦想。俗话说"巧妇难为无米之炊"。一家企业如果没有足够的钱，连生存都是问题，更不要说成就一番事业了。因此，不管是什么样的企业，只要被称为"企业"，被叫作××公司，赚钱就是其脱不掉的"红舞鞋"。把一百元变五十元、五十元变二十元、二十元变没了的人，就是浪费金钱，是破坏者，不是建设者。

赚钱是企业脱不掉的"红舞鞋"

财务人员真的没有参与赚钱吗

企业要赚钱，谁来赚？

全体员工。

包括你自己吗？

包括我自己。

现在是十一月了，到目前为止，你今年为企业赚了多少钱？

这个……

A.五百万元；B.五十万元；C.五万元；D.不好说。你选择哪个？

我选择D。让财务人员去赚钱的可能性不大，财务人员做的是管理工作，管理不一定赚钱，但不管理肯定会赔钱。财务管理是推动别人去赚钱。

在常规的认知里，财务部门都是不赚钱的，因为其属于职能部门，做的都是支持性的工作。推动别人为企业赚钱，真的是这样吗？我们先看一个案例。

> 李强是某公司的采购员，负责线束采购。每年公司向四环公司采购2 400万元的线束。一个偶然的机会，李强得知四环公司向其他客户销售同样产品的价格比销售给他们的价格要低15%，为此公司多付出了360万元的采购成本。但是李强不打算将此事告诉公司。

刚才你说财务管理是推动别人去赚钱。现在这个"别人"就是这家公司的采购员李强，他明知供应商多赚公司360万元，但他无动于衷。请问财务管理如何推动他为公司降低采购成本？公司一年损失360万元，两年损失720万元，三年损失1 080万元，这样的损失会像滚雪球一样越来越大。在大多数老板的眼里，财务人员是企业中不赚钱还总是花钱的存在。其实财务人员是可以为公司带来利润的，如果把上面的问题解决了，给公司赚的可是几百万元、几千万元。有时候一个分公司或者一个子公司几十、上百人忙一年，未必能给公司赚100万元。有时销售人员成功推销了产品，也不一定能把销售款顺利收回，最后想尽各种办法追回了销售款，但是在追款的过程中又会付出人力和物力成本。现在我们仅仅是把成本降下来，就可以增加利润，还增加了纯现金收入，这是多大的贡献！所以我要再次强调一下这个观点：**财务人员是可以为公司赚钱的**。问题是你怎么推动"李强"去降低采购成本，采购中有这么大的降成本空间，如果"李强"不告诉你，你可能一辈子都不知道。

是啊，成本责任中心不作为。

如果都作为了，还要管理干什么？你也用不着来找我了。要解决上述案例中的问题，首先我们要解决财务管理的定位问题。财务管理到底管什么？

管钱！

钱只是财务管理的对象，如同人力资源管理管人一样。怎么管是对的，怎么管是不对的，这是财务管理真正要解决的问题。

钱只是财务管理的对象

挣钱靠经营，省钱靠管理

赚钱有两个手段：开源和节流。开源靠经营，节流靠管理。 开源就是寻找挣钱的机会，就是经营。在大家的印象中，好像浙江人最喜欢也最有能耐去找挣钱的机会，哪怕是一分钱，他也是辛辛苦苦去挣的。浙江人坐不下来，也躺不下来，为什么？浙江这个地方曾经生活的环境比较恶劣，"七山二水一分田"，七分是山，两分是水，剩下的一分田要供养那么多人，根本做不到"一亩地，一头牛，老婆孩子热炕头"，所以他们很难发展自给自足的农耕经济。但是他们却有山里的东西和水里的东西。这些东西不能像粮食一样直接供养自己，他们必须把山货、水货交换成粮食。

怪不得有人说浙江人善经商，还真是这样。

那是我说的，浙江人会做生意是被环境逼出来的，他们必须想法子赚钱，所以这个地区的企业办得非常好，因为他们不停地寻找生存的机会。一代一代的人都在寻找生存的机会，人们就养成了在市场上寻找机会的习惯，骨子里就会开源。为什么小狗出生从未见过老虎，但一见老虎立马就跑？

给吓着了。

谁告诉它老虎可怕，大象不可怕？它的祖先中很多被老虎吃掉了，这在它的认知里记录了"见到老虎要跑"。浙江人身上也有祖先生存的认知记忆，认知记忆告诉后人靠种地养不活自己，必须要做生意，所以天生就会寻找挣钱的机会。当然上天是公平的，给你一个特长通常也会给你一个短板，有些老板抓住了挣钱的机会以后，明明可以赚到80元，结果才赚到20元，60元都让他弄没了。他知道吗？大概率不知道，因为他没看见，当然眼不见心不烦。尽管赚得很少，小钱乘上一个大规模，不就是大钱吗，所以富了。

很多老板有一个特点——擅长经营，不擅长管理。什么叫管理？管理就是节流。就是能不花就不花，能少花就少花，在抓到机会的时候让利润最大化。老板还有一个特点即有能力让机会最大化，但最后发现自己不挣钱。不是这个机会不挣钱，是他辛辛苦苦地挣了一点钱，但是又丢了一大部分钱。机会抓得很好，如果擅长管理，实际上他会做得更好，所以我们说企业赚钱有两个手段。开源是少数人的事，基本上是老板的事。创业者哪个不是"把脑袋别在裤腰上"，背着一大堆的借债开始向前冲，勤奋和胆大能够抓住机会，当然也有丢掉机会的。但是总体来讲，企业开源需要一两个能人抓住商机，像华为有任正非，联想有柳传志……你们公司有谁？

开源靠经营，节流靠管理

我们公司主要是靠老板。

对啊，这就说明企业还是活在某一两个能人之下，他们为企业抓住不同的机会，让企业活下去。抓机会可以耍聪明，搞管理就不能耍聪明了。一家企业能不能抓住机会，能不能快速地发展起来，跟企业中的能人有很大的关系。但是能人治理企业也有局限性，能人总得退休，能人总有犯错误的时候，能人总有离开的时候。当能人离开企业的时候，很多企业都会受影响。这说明企业的成长或者壮大很多情况下来自开源，而不是管理。既然不来自管理，在开源的时候可以赚80元，但到手里只有20元，还有60元默默地溜走了，每个人都说这60元哪儿去了，不是我干的，也不是他干的，这钱反正就没了，这样的状况你找不到任何责任人，这是为什么？

我们公司就是这样，一旦公司有损失，每个人都能找到理由推卸责任。

为什么呢？职责不清！你在你们公司当财务总监，知道财务总监的职责是什么吗？

知道，不知道也不敢去做啊。

因为我们这个职业有个约定。财务总监不可能是做销售或者采购的，肯定是做财务的。至于做成什么样，有标准吗？销售是有标准的，今年我们销售额是20亿元，你来了以后能帮我们做到40亿元，留！如果你来了以后，把20亿元做成10亿元，走！这就是销售总监。如果是研发总监，说能帮企业做什么产品，花了好几千万元，结果什么也没做出来，走！这些职位的业绩都是有检验指标的。那么拿什么来检验财务总监的业绩呢？

好像没有明确的标准。

所有人到公司以后，第一件事情是履行行政职责。采购员的行政职责就是保质、保量、及时地采购物品，所以每个人都认为我来工作，能够保证保质、保量、及时就可以。每个人来到企业，签订劳动合同的时候，公司都会做出承诺，不同的职位对应着相应的待遇。但是现在我来问你，公司能不能在与你签订劳动合同时在里面加一句"今年帮公司挣400万元"？把这一条加进去，这合同你还签吗？

不签！

为什么？

我什么情况也不知道，没进门就承诺赚多少钱，不合理。

刚才你还说你参与公司赚钱，我问你赚了多少，你回答不好说。现在我给你定一个赚钱目标，你又不赞同，这是不讲道理。你是公司的高管，是老板的左膀右臂。企业创办的时候，投资人给了老板钱，让老板必须要100元变200元，200元变400元，400元变800元……老板在招人的时候，自然会想：凭什么你来帮我干活，我却不能要求你，投资人都能要求我，我也能要求你，我请你来帮我干活，你应该帮我承担责任。什么责任？经济责任。当然，一开始跟你明确经济责任，你肯定不容易接受，等你来公司以后，老板再跟你谈可以吧？

可以。

你现在讲理了。

将奖金与经济职责挂钩

每个人加入企业都要签订劳动合同，合同中规定了我们的行政职责以及相关待遇，却没有规定我们的经济职责。事实上，你进了这家企业，就要承担一定的经济职责，即使你不是老板。企业从诞生的那一天起，老板就自然而然地承担了经济职责。老板招兵买马的时候，要求雇来的员工也得分担经济职责，这从理论上来说一点都不过分。但是在实际运行中，除了老板以外的所有人都不履行经济职责，企业倒闭了员工可以寻找下一份工作，老板却必须承担经济职责。所以，虽然企业是要赚钱的，但是企业并没有把赚钱的责任下沉下去，变成每个员工的责任，尤其是在签劳动合同的时候，经济职责都不会明确。在企业里，每个员工的第一认知其实不是经济职责，而是行政职责。老板要求采购员去买一瓶水，采购员保质、保量、及时地把这瓶水买来了，就是履行了行政职责。采购员履行了行政职责，老板就需要每个月给他发工资。马云说："工资就是我买下了你的时间，买下了你的才华。"这个采购员确实工作做得很好，是个优秀的员工。如果你是老板，到了年底，给不给他发年终奖金？

我觉得应该给他发，他工作做得很好。

我觉得不应该发。工资是老板发的，奖金是自己努力挣的。凡是要奖金的人都要先回答一个问题：你帮助公司赚钱了吗？没赚钱，就不应该参与分钱。采购员及时、准确、保质、保量地完成任务，这是他应该做的，这叫履行行政职责。但是，**奖金是从履行经济职责中得来的。**采购员买一瓶水履行了什么经济职责？以前一瓶水2元，采购员想办法把2元变成了1.8元、1.7元、1.6元，这叫履行经济职责。他的奖金应该从他为公司省下的这笔钱里出。这就是经济职责和行政职责的区别。老板把赚钱的责任和员工的奖金挂钩，谁替公司赚钱就奖励谁，谁降低成本就奖励谁。这样一来，采购员就不再认为自己只是买水的人，他开始帮助老板降低成本了。因为帮助老板降低成本的时候，他自己也从中得到了利益。

谁替公司赚钱就奖励谁

财务管理的主题是经济职责

老师，我明白了，财务管理就是下沉企业的经济职责，目的是把钱赚回来。您这一说让我豁然开朗。

这个源头你不搞清楚，成本削减对你来说就成了无源之水、无本之木了。企业管理其实是管两样：一是管人，把事情做起来；二是管钱，把钱赚回来。财务管理的主题就是落实经济职责。财务总监、财务经理的任务在大家的认知中似乎是记账、算账、报账，其实那是会计的职责，并不属于财务的职责，财务后面一定得跟两个字——管理。我们前面说了，管理就是节流，就是成本削减。在企业里推行财务管理就是让企业所有人都承担经济职责。让所有人都承担经济职责以后有什么好处？例如，原来企业在挣钱过程中丢了60元，老板拿出10元奖励帮他拿回那60元的人，企业还赚50元。帮企业拿回丢掉的60元就是承担经济职责，是财务管理该做的事。财务人员要想由传统的财务会计向管理会计转变，要学会用管理会计的工具去控制成本，而不是用财务会计的方法去控制成本。

成本削减要摒弃一部分传统会计思维

老师，我们公司在进行成本削减时总是由我们财务人员分析对比找成本差距，然后要求业务部门去降低成本，但是业务部门可以找出一百个理由说无法削减成本，还给我们扣上一个"不懂业务"的帽子。老板也天天要求我们要懂业务。明明他们花钱不合理，结果我们还说不过他们。

说不过他们很正常，买的没有卖的精。但我们跟业务部门打交道的时候经常会犯一个错，就是用会计思维去做管理。比如，销售人员要报销招待费，财务人员要求他提供发票。发票是一种事后的票证，销售人员请客户吃饭，付完账才能得到发票。然后财务人员拿到发票后对销售人员说招待费不对。其实这个时候说对与不对已经不重要了，因为销售人员请客户吃饭已经是既成事实了。管理大师彼得·德鲁克说，对既成事实的管理都是无成效管理。会计进行的类似的管理都是无成效管理。

还真是这样，那怎么办呢？

所以成本削减要在一定程度上摒弃传统会计思维，用某些会计思维去做管理没有出路。财务会计天天对既成事实进行"判决"，企业不是花钱请一个裁判，企业希望的是财务人员能够在对与不对之间找条路。财务会计可能会说，对与不对之间没有路，更何况就算找到了路，踏上这条路会触犯企业的一些规定，需要承担一定的风险。所以，财务会计永远把自己扮演成第三方，他（她）跟企业之间是若即若离的关系。怎么办呢？财务会计得向管理会计转变。

财务经理为何是成本削减中的"大恶人"

很多财务经理在公司里特别认真、勤奋，也很注重管理。比如，采购部以2元一瓶的价格买了水，财务经理偶然发现这水1.6元一瓶就可以买到。如果你是财务经理，你会怎么办？

我可能会告诉老板。

这样是万万不可的。财务经理跟老板说："采购部这水买贵了，2元一瓶买的，我发现其实1.6元一瓶就能买到，我们每瓶水多花了0.4元。"老板一听急了，立刻把采购经理叫来，一顿臭骂。这并不符合"管理就是改善"的初衷，反而会导致财务经理和采购经理结怨。采购经理一定会想：你为什么不直接告诉我，而去告诉老板，这不是让我难堪吗？所以，一些财务经理的情商低就表现在这儿，动不动就找老板告状。做一件正确的事情，结果把自己和同事的关系搞砸了。后来，采购经理的确是1.6元一瓶把水买来了，成本是降下来了，但财务经理就爱到老板那儿告状成了很多人的心结。公司里十个经理有八个都和财务经理有过节，这八个经理开始不停地在老板耳边说财务经理不好。即使老板知道你做的事情都是为了企业发展着想，也很难站在你这边，因为站在企业稳定性的角度考虑，老板不会因为你一个人而得罪另外八位中层干部。所以，好多财务经理就这样悲愤地离开了公司。走的时候可能还在抱怨老板，自己帮他省了那么多钱，却被迫离开。你不知道老板的难处，老板不是谁对就支持谁，他要在中间做平衡。企业不是留下你一个人就能做大做强，需要大部分人留下来才能做大做强。

成本降下来了，人得罪了。

你干过这事吗？

多多少少干过。

你不怕得罪人吗？

也怕，但这是我的工作啊，我的职业和角色就是这样，没有办法啊。

你搞的不是财务管理，你搞的是财务人管理，人管人累死人。

老师，我第一次听说财务人管理，能具体讲讲吗？

财务人管理就是把财务人员和财务经理推到一线，跟所有人战斗，管理越严格，战斗越激烈。如同把财务人员放在火上烤，最后的结果必然是，成本下降了，财务人员也"烤熟了"。

不这样，怎么办呢？

不着急，后面还有更麻烦的事呢。财务经理跑去跟老板说："这水买贵了。"老板不去骂采购经理，而是跟财务经理说："你去买吧。"财务经理1.6元一瓶把水买回来了，以后财务部改名叫采购部。再后来，只要财务经理跟老板说什么，老板就说："你去办。"最后财务部改成综合部。这就是典型的不懂得财务管理到底是什么的例子。我们推动管理，不是把我们自己推上去。财务管理不是个人逞能，是定制度、定规则。财务经理跟采购经理商量一个奖励的办法，然后财务经理去跟老板谈，争取得到老板的支持。这个时候，采购经理不能去谈，活儿还没干就谈利益，老板会反感。这个时候财务经理以第三方的身份去跟老板谈，比较容易谈成。最后，采购部门完成了降成本的目标，老板很高兴，按照之前谈好的奖励办法给采购人员发奖金，采购人员也很高兴。这就是制度推动的结果。

这个财务经理不是等于白忙一场了？奖励都给采购人员了，他一分钱都没拿到。

财务人员最好别白忙，也要肯定自己的贡献和利益。比如把财务人员的奖励办法也设计出来，加进公司的奖励制度里。如果要把财务人员的奖励办法也加进去，可以要求人力资源部门作为第三方来设计相关的奖励制度。

设计财务人员的奖励办法

成本管控战略——成本削减的正确方向

老师，最近我们公司高管开会讨论一个项目，我给您看看，像这样的事情我们应该怎么办。这是我们集团下面的一个无线通信公司，已经从事无线通信行业30多年，是无线通信领域的领先者。最近老板转了这个公司的一个请示报告，报告里请示批准在当地购买20亩土地搞房地产开发。据测算，这个项目成功了可以赚5亿多元。

你们高管开会是什么意见?

莫衷一是，各有各的道理，没有形成共识。同意的人说，有机会就抓住，十拿九稳地赚钱，这个项目应该做。也有人反对，说专业公司应该走专一道路，应该挡住诱惑，不能见钱眼开。

你自己的意见呢?

按照企业就应该赚钱的理论，应该做，但我也怕淡化了企业的主业。

你们公司肯定达不成统一意见，因为没有共识。共识就是企业发展战略，没有企业发展战略当然也就没有成本战略。什么叫成本战略? 成本就是花钱，战略就是保证花钱方向的正确性。花钱方向错了，所有的钱都白花，这是不可逆转的巨大成本浪费，这个错误绝对不能犯。一旦犯了这个错误，小了是伤筋动骨，大了是倾家荡产。

好像我们没有这个共识。

没有战略，就没有共识，企业发展永远是"叫花子打狗，边打边走"。没有战略，最终结果是"饭没有，狗没走"。成本战略就是与企业发展战略相适应的，以配合企业高效运作，保证成本投入与企业核心价值相匹配的方针和政策。成本战略是企业战略的重要组成部分，它决定着企业在未来十年、二十年的发展。成本战略设计就是让公司决策层形成一个制度性共识——哪些地方该花钱? 哪些地方不该花钱? 哪些地方猛花钱? 哪些事该做，哪些事永远不该做? 一家没有战略的企业基本上是没有根基的企业，经常会被经济的风浪抛来抛去，最后被淘汰出局。

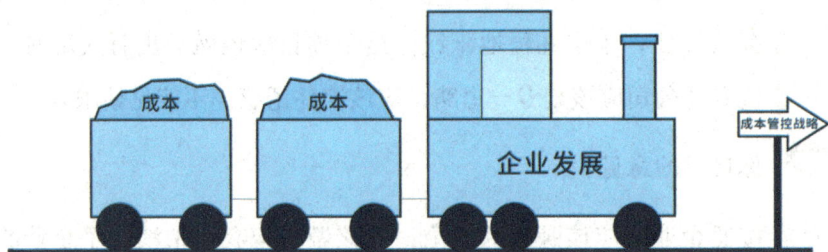

成本战略要与企业发展战略相适应

"多元化"永远没有低成本

你们下面的子公司要做一个房地产项目，成功了稳赚5亿多元。这件事情做不做其实都没有对错，主要是看企业发展模式和战略定位。**通常企业赚钱归类为两个模式：一是多元化，二是专业化。**如同有人用筷子吃饭，有人用刀叉吃饭，有人用手抓；同时还得看你吃什么东西，如果吃面条显然是筷子更合适，如果啃骨头用手抓就比较合适。你同意去做，理由是企业就得赚钱。有很多企业最早只做一行，后来机会越来越多，开始跨行，越跨越多，结果变成跨地区、跨行业的集团公司。比如史玉柱，下海后首先选择了自己熟悉的行业，从硬件开始，他研发了巨人汉卡。如果他坚持做汉卡可能会在行业内占据一席之地。但是他没有，他不满足于一块汉卡才赚几十元，于是他发现了第二个商机。20世纪80年代，人们开始注重保健，史玉柱果断推出保健品！当时人们都喜欢黄金，于是他给产品起名"脑黄金"，年销售额达二十多亿元。你说这钱该不该赚？

当然该赚！

我也觉得该赚。在"脑黄金"卖得很火的时候，史玉柱发现房地产行业更赚钱，于是又开始做房地产。但是巨人集团却在做房地产时倒闭了。事后，史玉柱反思自己，总结自己的错误所在，第一条就是应该干一行专一行，不应该多元化。意思是说，自己"输"在了多元化上。按照他的逻辑，有一个老板在他之前可能要"输"十八回，这人就是李嘉诚。李嘉诚的产业涉及上千个行业，赚了很多钱。显然多元化并不是巨人集团的"死因"。如果你们集团一开始的定位就是抓住机会赚钱，最终的赚钱模式肯定是多元化。既然是多元化，这个房地产项目肯定要拿下，不擅长也得拿下，任何事情都是由不擅长走向擅长的。当然，从事不擅长的领域，开始的成本会很高，这是不擅长的代价。你必须承受这个成本代价。

温老师，您这样说，我又觉得不应该同意，术业有专攻，应该做自己擅长的，不做自己不擅长的。这样可以避免为不擅长的事情付出过高的成本。

这样说也有道理。有些企业以专长赚钱，如摩托罗拉，为无线通信而生。自己擅长的事业都没有做完，怎么可能花钱去做自己不擅长的呢？这也符合亚当·斯密的经济学思想，只有创新和发明才能让人类富裕，而创新和发明一定来自专业分工与协作，新技术、高效率和低成本是专业分工的结果。如果企业有一技之长，持续投入并发扬光大，将来不仅是一家赚钱的企业，还是一家伟大的企业。当然，找不到通向伟大之路，先赚点钱也不算错误。**伟大也需要钱来铺路。**索尼公司最早是修理半导体的"修理铺"，老板的想法就是明天会不会没人找我修理半导体，会不会赚不到钱。赚钱是企业脱不掉的"红舞鞋"，**但从平凡走向伟大，赚钱的同时还要耕作自己的事业。**这样成本管控的境界就大不一样了。

所以做不做这个项目的关键在于企业的发展战略和成本战略。如果企业走多元化道路，就应该抓住一切机会赚钱，这个房地产项目就必须做。但不应该由无线通信公司来做，而应由集团组织专门的队伍去做，尽量避免不擅长带来的成本代价，让项目利润最大化。用房地产业务利润反哺无线通信公司业务，支持无线通信公司做专、做精。集团做大，专业公司做强。

你觉得这样决策，集团和无线通信公司会反对吗？

这样就没有人反对了。而且总部做大，下属做强，应该上升到集团发展战略，形成企业决策的共识。以后再有类似项目，就用这个思路来评价、决策。

正解。

打造"产业链"就是打造成本挣不脱的锁链

老师，我们集团其实一直是家多元化的企业，覆盖制造、零售、服务等行业，但企业不是刻意这样发展的，而是被客户推着走进了多元化。每次客户要做什么就找我们领导，客户很信任我们，最初我们做传送带设备和煤矿液压支架，赚了点钱，后来地方客户就不停地让我们接项目、接烂摊子，有时候我们领导也头大，不接又怕得罪大客户。

企业一开始都这样。你们接过来的烂摊子现在变好了吗？

都变好了，都很赚钱。我正好有个问题要请教老师。十年前我们企业收购了一家家电零售企业，近十年来一直致力于家电销售渠道扩大，目前已经成为家电销售行业的领导者，占家电销售市场的45%。企业高管中有人提出，很多家电生产企业利润比较大，我们企业应该收购一些家电生产企业，形成前店后厂的产业链，既可以扩大产业利润，也可以保证产品的供应和质量，还有利于防范行业风险。很多高管都认为该方案可行。请问这件事情应该如何决策？

你怎么认为？

我认为可以考虑这样的扩张。如果下游企业控股上游企业，可以保障质量和供货渠道，也有利于产业升级换代、协同发展。由于销售近乎内部采购，上游企业可以节约大量的营销费用，百利而无一害，可行。

这件事情做与不做跟企业发展战略有很大关系。所谓企业战略实际上就是企业未来靠什么活着，即未来的钱怎么花、怎么赚。上游企业靠下游企业赚钱，下游企业通过控股让上游企业替自己赚钱，好上加好。当然，战略显然不是得到眼前的"好"，而是得到未来的"好"，不是获得暂时的利益，而是获得长久的利益。西方企业在早期发展时也遇到过这样的问题，它们是怎么做的呢？有的说同意收购；有的说不同意收购；还有的说暂时收购，不好就卖。不同的企业选择不同的方案进行实践，但是它们在实践时遭遇了一场"大雨"——经济危机。盲目扩大再生产造成生产过剩，即东西生产得太多卖不出去，最后都烂在库房里，钱没赚着，成本也收不回来，企业发不出工资，大批工人失业。大家都没钱，买不了东西，东西就进一步烂在库房里。经济危机犹如洪水，冲走了一切，造成了极大的破坏，使经济逐渐萧条。后来人们发现，虽然洪水冲走了很多植物，但也有一些植物虽然受到了很大的冲击，枝干都受到了损伤，却并没有被连根拔起，洪水过后又活过来了，而且比以前活得更好。也就是说，有一些企业经历了经济危机之后，反而活得更好。这些都是什么样的企业呢？都是一些专业化的、有核心价值的、有前沿性技术的企业。后来有人开始研究这些企业是怎么抵抗经济危机的，并写了一本非常有分量的书——《国富论》。这个人就是经济学之父——亚当·斯密。在此之前，人们不知道经济是一门学问，是一门科学，基本上都是按照自己的理解去搞经济、经营企业。他们做错了吗？市场有一只无形的手，可以慢慢修补、纠正，这里也包括必要的代价。经济危机就是治疗的一个方法，这个疗法比较猛，有些承受不了的企业就会消亡。在亚当·斯密看来，这些企业都是该走向破产的，它们不离开市场，市场过错便不能被纠正，所造成的社会危害更大。达尔文说："物竞天择，适者生存。"在经济危机中，哪些企业是适者？专业化分工协作的企业。因为专业化可以集中资源突破一点，有科技创新和发明的后盾。也就是说，社会不需要"万金油"，需要"特效药"。大难来时，"万金油"被扔掉了，"特效药"被留了下来。这个选择是对的，符合人类文明和进步的要求。当然，这个选择的代价也比较大。如果一开始就让所有企业各有所长、各有所攻，人为地组织好供需关系，不要盲目生产，岂不是更好？用有形的手去促进分工协作岂不是更好？但这样容易造成更多的问题，如企业分工不专业、分工不协作，企业与组织者间出现利益斗争，行业协会组织松散。这些都反映出一个问题：违背专业化分工协作的经济原则，最终会给企业带来高成本、低效率、坏结果。上面的案例中，下游企业收购上游企业，名义上是"打造产业链"，实际上是打造一个挣不脱的高成本、低效率、坏结果的锁链。现代经济的核心是竞争，上游企业一旦被控股，下游企业没有选择的可能，不管价格和质量如何，必须向上游企业购买产品，这样会导致下游企业购买产品的价格不会最优，上游企业由于不会被淘汰，生产的产品的质量也难以保证。名义上是打造了产业链，实际上整个产业链中的企业"养尊处优"，更没有竞争力。前面你说了，你们公司的发展战略是集团通过多元化做大，下属公司通过专业化做强。收购上游企业是违背这个战略的，我的答案是坚决不这样扩张。现在不，将来也不。继续扩大家电零售渠道，通过低价竞争逼迫上游企业不断优化成本才是正道，既有利于企业，也能造福社会。

成本挣不脱的锁链

成本削减不可以危害核心价值

老师，我同意这个成本战略定位。该花就花，绝不手软。但我们对该花钱还是不该花钱好像也没有共识。

该不该花钱的判断标准只有一个：核心价值。跟核心价值有关，就花；跟核心价值无关，一分钱也不花。

问题是我们很多时候其实搞不清楚核心价值是什么。就如同我们搞不清楚自己的孩子的天赋是什么，只能到处花钱试探，以为他在音乐方面有天赋就让他学钢琴，以为他在画画方面有天赋就让他学画画，以为他在舞蹈方面有天赋就送他去学舞蹈……结果是试探越多，成本越高。像这样的成本该怎么控制，怎么评价？

这个问题很尖锐。我们下面就讲如何确立和判断企业的核心价值。企业的核心价值就是"无中生有，有中生优"。别人没有我有，别人有但我最优，其实就是专业。欧洲工商管理学院的 W. 钱·金（W. Chan Kim）和莫博涅（Mauborgne）提出蓝海战略，意思就是错位竞争，不搞同质化。这就要求你变，变到"无中生有，有中生优"。不优就退出！摩托罗拉就有一个这样的案例。摩托罗拉提出铱星计划，想在天上做移动互联，但需要花多少钱、耗费多长时间、能否成功都是未知数。搞成功了可以吃香的喝辣的，不成功呢？没人想过。结果失败了，铱星成了"灾星"，摩托罗拉从此衰落。我一直认为摩托罗拉"生得伟大、死得光荣"。它为无线通信而生，是它让人类生活更文明，所以说它"生得伟大"；它为无线通信而衰落，而不是为其他行业，所以说它"死得光荣"。再来看国美电器。国美刚开始专卖影音类电器，后扩大为家电，越做越大，占据了我国家电市场的半壁江山，利润率达到20%以上。家电制造企业海尔对此颇有微词，一个卖家电的比造家电的赚得还多，造家电的利润率不到5%。尽管如此，海尔还是要靠国美渠道卖产品。国美的核心价值是"营销渠道"，可惜它后来把这个核心价值丢了，因为它没有将"营销渠道"上升到战略层面，没有把钱花在培育这个核心价值上。有的企业的核心价值是"技术创新"，某些欧美的跨国企业基本上就是这样的，为技术创新生，为技术创新死，宁死不转行。这样的企业就是要把钱花在技术创新上。还有的企业看重品牌，品牌就是它的核心价值，如可口可乐。**一家企业要靠自己的品牌活下去，必须不停地给自己的品牌花钱，必须集中一切资源维护品牌，去提高它的美誉度。花的钱越多，品牌的美誉度就越高。任何与品牌无关的钱都应该少花或者不花。**还有的企业一没技术、二没渠道、三没品牌，它的核心价值是什么呢？这个问题应该去问客户，问客户为什么需要你。有人可能会说，不是这样的，客户其实也不需要我们。客户买谁的东西都可以，买我们的东西是因为我们领导跟客户的关系好。说到这儿就知道了，你们企业的核心价值就是客户关系。客户买谁的东西都可以，东西都不差，价格都差不多，为什么就要买你们的东西呢？因为客户信任你们或者客户对你们有一个较好的印象。客户信任你们，这是长期交往的结果。这种企业的成本战略就是支出大量的招待费，和客户保持良好的关系。如果你在这种企业做财务总监，就不要对大量的招待费说三道四，否则就危害了企业的核心价值。总而言之，成本削减不可以危害核心价值，培育核心价值的钱该花一定要花。

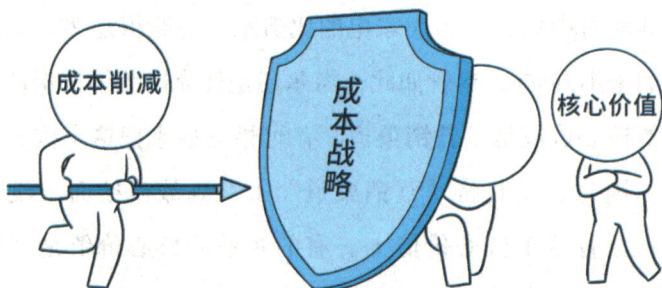

成本削减不可以危害核心价值

这个成本管控思想非常好。我们过去一说搞成本管控就是不分青红皂白地往下砍，好像不花钱、少花钱就是真理。现在看来，成本管控也有鼓励花钱的地方，跟核心价值有关的钱必须花、大力花。

可千万别花完了，钱都花完了，还搞什么财务管理。

成本削减要与企业生命周期合拍

老师，看来我们在成本管控的很多战略层面上没有捋清楚，确实走了很多弯路。我们集团下面有个汽车零部件公司以前经营状况很好，但现在市场竞争加剧，公司产品的利润空间越来越小，获利能力明显下降。集团公司发文件要求其严格做好成本费用控制。这个公司总经理明确要求各部门的费用要砍掉30%。您说，这么做好吗？

你觉得好吗？

我正在为这件事情头疼。现在各个部门都来叫苦，说如果这样下去很多事情都做不成了，都来询问我下一步该怎么走。我也没办法回答。总经理让这么砍，我就只能这么砍。

你知道这样砍下去的结果是什么吗？费用立竿见影地减少，但是你自己会立即变成众矢之的的。如果事情没做好、没做完，公司业绩下降，所有人都会把责任推给你，因为你把他们的费用砍掉了。实际上你也不愿意这么做。让你去砍费用的人躲在你的背后，一句话都不说。你怎么办呢？

温老师，现在就是这样的状况。

深表同情。你现在所处的境况在经济学上叫"墨菲陷阱"。你和你们公司实际上已经进入了成本管控的墨菲陷阱。什么是墨菲陷阱？就是一件事情可能会出现，后来这件事情果然如你所料地出现了，继而诱导你继续去追求这个结果，诱导你继续做下去，直到无路可走。砍掉30%的费用，你们公司的经营状况马上就会得到改善，但是造成的危害并不会马上显现。在这个虚假改善的诱导下，企业会继续采取相同方式对成本和费用进行管控。然后，危害就逐渐出现了。结果是少花钱少办事、少办事少花钱……最后是不花钱不办事、不办事不花钱。这样一来，企业就停摆了。正确的做法应该是什么呢？虽然很多财务人员在企业待了很多年，但对企业的运行规律是一知半解或者全然不知。企业和人一样，它的整个发展历程可以分为不同的时期。人有幼年、童年、青年、壮年、中年、老年之分。其实，企业也是这样，我们把这个历程叫生命规律或者生命周期。企业的生命周期是什么呢？企业通常要经历6个时期：培育期、成长期、成熟期、平台期、衰败期、转型期。企业的幼年和童年是培育期，企业的青年是成长期，企业的壮年是成熟期，企业的中年是平台期，企业的老年是衰败期和转型期。一个人在什么时期最"烧钱"呢？幼年和童年。其实幼年和童年也没花很多钱，但是为什么我们会觉得"烧钱"呢？因为那个时期只花钱不挣钱。企业的这个时期叫培育期，企业在这个时期基本上是投入大于产出。如果企业在这个时期砍掉30%的成本，就相当于一个母亲生下了孩子，没想到这孩子那么能喝牛奶，于是一把从他手里把奶瓶拽过来，让他别喝了。这完全是不合理的。但是，有很多老板就是这么干的，他们不管产品、市场、企业现在所处的阶段，一看花钱太多、负担太重，第一个冒出来的想法就是控制成本和费用。盲目控制成本和费用会导致什么结果？是企业停摆。100减1等于多少？从数学上来说，等于99。但是在经济学里，100减1等于0。100元是你需要花的钱，已经花完了99元，再花1元你就看到花100元的效果了，但是你突然要进行成本和费用控制，不想花剩下的1元了。最后的结果是省下1元让前面的99元都浪费了。前面花的99元不产生任何效益，成了沉没成本。你说的那家公司把费用砍去30%是不是在做100减1等于0的事呢？我不太清楚，但极有可能是。

因为很多老板并不懂得经济学的原理，不懂得企业的运行规律，一般是按照自己的喜好、兴趣来经营企业。显然，如果在培育期控制成本和费用的方式错了，会给企业带来灭顶之灾。培育期就是企业苦熬的时期，就是要扛。扛不住，认输了，就要接受之前付出的所有成本，也就是接受沉没成本。你不愿意接受沉没成本就要坚持投下去，投下去不一定能保证成功，但是一旦成功就能把前面花出去的钱全部赚回来。这就是培育期企业的运行规律。你不要因为省下点儿小钱就沾沾自喜，其实你丢掉了更多的钱。在成本管控中能容许这样的错误存在吗？

老师说得非常对。我们集团下面有个商业地产项目曾经付出过沉重代价。五星级写字楼，什么都建好了，购买安装电梯时做了100减1的事情。安装质量较好的电梯大概要多花三百万元，结果公司为了省下这三百万元，安装了质量不怎么好的电梯。电梯经常坏而且速度很慢，客户来买或租办公室时看到电梯这么差，就不愿意了，最后迫使我们降价，比其他公司降价30%，每年租金损失两千万元。几亿元的投资差点让一个便宜电梯搞没了。当时也不是我们集团没钱，就是公司总经理的一念之差。

没有经过系统训练和学习的人，办坏事都是一念之差。无知者无畏。培育期就有这样的陷阱。有句俗话说得好："没有不开张的油盐店。"坚持扛下去，或许未来就是你的了。度过了培育期，下一个时期就是成长期。到了成长期，订单跟雪花似的向你扑来，你挡都挡不住。这个时候，没有竞争，没有人跟你讨价还价，客户纷纷把预付款往你的账户里打，你现在的任务就是赶快交货数钱。这个时期基本上是用20元去挣80元，还有些企业用10元去挣90元。这个时期的成本和费用是否合理，还有没有下降的空间，20元可不可以降到10元，10元能不能降到5元等问题很少有人去理会，因为大家的注意力都放在了赚钱上。所以这个时期企业的成本和费用基本上处于失控状态。当然，这也不可怕，因为成本和费用本身不高，更何况企业可以从外边得到更多的收入，所以成本和费用对企业并不会产生很大的损害。如果前面案例中所提到的公司是在成长期把成本和费用强行砍掉30%，会产生什么结果？绝对会引导公司放弃西瓜捡来芝麻，让公司白白地浪费了成长的时间和空间。市场机会瞬间即逝，机会失去不会再来。这个错误是绝对不能犯的。所以，处于成长期的企业的成本和费用管控目标不应是降低而应是增加支出，利用一切资源支持成长，把80元赚了就是胜利，赚得越多越好。

老师，我同意利用一切资源支持成长。但企业处于成长期时业务部门都有花钱的冲动，因为业绩好，他们就理直气壮地花钱，挣得多花得多。这种情况是不是应该管控？

必须管控，业绩好就花钱多，这是一般人的原始冲动。如此下去，你们公司的资源配置就会掉进"马太陷阱"。富者越富，穷者越穷。业绩好的人资源配置就多，业绩不好的人资源配置就少。

这好像也合理啊？

你真的觉得这样合理吗？一个人业绩好跟能力和努力固然有关系，但跟他的平台也有很大的关系。例如，一个农民每年收成很好，每亩地可收获3 000千克的粮食，可能不是因为他有多努力，是因为他分了一块好地，地肥水丰，不需要什么投入。但是我们还要给他投入，这就是成本浪费。另一个人分了一块盐碱地，起早摸黑地干，每年只收300千克粮食，他急需投入改造这块地，但收成不好，我们不给他投入，投入越少，收成就越不好。这不就完蛋了吗？所以企业在成长期的成本管控要特别小心"马太陷阱"。

明白，以前我们认为谁挣钱谁就花钱多，其实这是非常有害的引导，会落入经济学陷阱。受教了。老师，我们也不可能永远拿20元去赚80元啊，总有赚不到那么多的时候。

经济中最大的好处就是公平，它不可能把机会只给你一个人而不给别人。所以你发现机会的时候，竞争对手可能也发现了机会，他们会来跟你争夺。肉多的地方，狼一定会多。你再想卖原来的高价就不可能了。你原来用20元赚80元，随着竞争对手不停地杀价，最后变成了用80元去赚20元，甚至可能是用90元去赚10元。显然，成本和费用的比重比以前大多了，因为价格在不停地下降，即使成本保持在原来的水平，该比重也会不停地变大。也就是说，现在的赚钱能力肯定不如从前了。但是这并不可怕，因为企业进入了成熟期。成熟期的企业不是靠成长来换取盈利，而是靠规模来换取盈利。成熟期的企业的经营规模和成长期的企业的经营规模完全不能同日而语，所以期望在成熟期能够保持成长期的盈利水平是不现实的。虽然盈利水平大幅度下降，但是规模效应已经出现。所以，盈利水平的下降对企业也不会形成多大的危害。培育期的企业没有富余的资金，成长期的企业有钱但没有时间去研究如何降低成本，成熟期的企业既有富余的资金又有充足的时间。这就像一个人之前没有钱也没有时间，现在既有钱又有时间，他会做什么？消费，而且是盲目地高消费，把以前买不起的东西都买回来。这种消费在经济学上叫报复性消费，属于非理性的财务支出。企业在成熟期的时候，是不是也有这个毛病呢？当然会有。因为老板是经历过无数创伤才成功的，他想抹平这些创伤。他想完成一些之前想做但是因为没有资金支持而没做的事情，即使这些事情可能不合理、需要疯狂"烧钱"。钱烧得差不多了，成熟期结束，平台期来了。平台期就是企业发展到一定程度，上不去也下不来，虽然不会破产却也是艰难度日，基本上处于一个瓶颈状态。企业处于平台期的时候，很容易掉入一个陷阱——中等规模陷阱。中等规模陷阱就是当企业发展到一定程度以后，一直处于一个上不去、下不来的中间状态。这个时候企业会寻求突破，但是突破又不得法，直接走上了下坡路。处于平台期的企业，挣钱越来越困难，基本上是拿90元去赚10元，甚至赔钱。这个时候，老板就开始着急了，外边赚钱非常困难，自然而然地开始盯上内部，也就是对成本和费用进行控制。老板发现公司的成本和费用存在很大的问题，于是天天喊着降成本、降费用。可是什么地方可以降成本，什么地方可以降费用呢？其实老板也不清楚，干脆来个一刀切。这一刀切下去，老板发现效果很好，于是就继续一刀一刀地切下去。企业本来在平台期可以维持五年、八年的，结果被这么一切，快速地从平台期走向了衰败期。这显然是成本管控战略出了问题。制定成本管控战略就是让企业高管在成本管控上达成一个正确的、持久的认知并形成制度，不允许企业某一个人或者某几个人随心所欲地制定各种政策和制度。你说的那个公司总经理要砍掉30%的成本费用，如果这个公司处于平台期，砍掉的成本费用会不会把公司直接推进衰败期呢？没有人研究过这个问题，因为没有几个人知道中等规模陷阱。企业如果没有绕过中等规模陷阱，就会从平台期进入衰败期。衰败期就是从上往下走，开启滑滑梯模式。什么样的企业滑得最快呢？我们知道，小孩儿玩滑滑梯没多大危害，挺好玩儿，但如果大人上去玩，因质量大可能就会摔得很惨。企业也是这样，滑得最快、摔得最惨的通常都是一些大企业，如曾经有一家世界500强企业倒闭只用了三年时间。进入衰败期的企业，规模越大，可能滑得越快、摔得越惨。衰败期的企业不用别人告诉它要如何进行成本和费用控制，它自己就会找各种方法来控制。当然，进入衰败期的企业并不是只有等死，还是要挣扎。挣扎的过程就是转型期。转型成功了，企业就进入新一轮的成长，规模较之前会有一个巨大的增长。但是99%的企业都不会转型成功，这时它们的发展都比较像一个抛物线，起初可能会有一个小幅度的增长，但后来就是迅速下滑。这时，资本兼并就来了。这就是企业的生命周期和运行规律。成本管控战略设计必须要符合企业的生命周期，只有这样才能保证企业花的钱与它的核心价值和生命周期合拍。你们子公司的总经理要求一刀砍去30%的成本和费用，显然是非理性的成本控制，谈不上什么战略和战术。作为财务总监，你必须把这些东西传达给公司的高管，让他们知道这种成本管控会给公司带来恶果。

温老师，我跟老板说这些，他也未必听。

那我们就应该保持一个良好的心态，因为有些人的能力是从别人的失败中提升起来的，有些人的能力是从自己的失败中提升起来的。有些人一路失败下去，能力从未提升，否则还有倒闭破产这一说吗？

| 培育期 | 成长期 | 成熟期 | 平台期 | 衰败期 | 转型期 |

成本削减要与企业生命周期合拍

成本削减不能伤害利益共同体

我们集团下面有个装载机公司，成本居高不下，销售价格也无法调整。采购部门经过多年努力，使得采购成本下降了32%。今年总经理要求采购部门再向上游供应商施加压力，争取再降低10%的采购成本。采购部门觉得非常困难，采购总监上报集团说这样降成本会把供应商压垮的，最后公司也会付出代价。

你的看法是什么？

我认为采购总监的说法有一定道理。

那你们知道供应商把成本降到什么水平是合理的吗？

我们会要求供应商提供成本清单，我们要审查的。

你觉得供应商提供的成本清单可信吗？站在供应商的角度，他们一般不会告诉别人自己的真实利润。

不相信也没有别的办法呀！

有句俗话说得好："羊毛出在羊身上。"如果你不让供应商取得合理的利润，让供应商一味地降价，他肯定会以牺牲产品的质量标准和技术标准为代价，这样存在一定程度的质量风险。日本某汽车与欧美的汽车企业竞争，在技术上没有优势，它们是怎么占领欧美市场的呢？就是跟欧美的汽车企业拼价格。拼价格就是拼成本，所以日本某汽车追求的是低成本。成本降低不是没完没了的，是会探底的。如果探底了还要降成本，那就必须降低产品的质量标准或者技术标准。某汽车就是这样做的，结果把车卖出去了，发现有很大的问题，最后全球召回汽车，更换其中的零件。事实上，召回的总成本远远大于提升产品的质量标准或技术标准要付出的成本，这种做法是得不偿失的。低成本战略对不对？肯定是对的。社会财富的增加就是靠高效率、低成本，但是如何做到低成本？这实际上是一门很深的学问。很多公司在追求低成本的时候，做的不是成本削减而是成本转嫁。什么是成本削减？就是这项支出根本就没发生或者以前要花的钱现在不花了，这项支出消失了。什么是成本转嫁？就是把支出转嫁到别人身上，让别人承担成本。那个子公司的总经理要求供应商再降价10%，应不应该？这就要看公司在供应链中的地位。如果处于垄断地位，就可以要求降价，因为公司处于优势地位，可以利用这个优势向所有人转嫁成本。在成本战略中，我们必须把供应商视为利益共同体，追求成本管控不仅是降低自己的成本，也包括帮助供应商降低成本。不是一味地把采购价格往下降，不管供应商的死活。如果供应商活不下去了，企业离倒闭也不远了。

那如果进价高就抬高售价，让客户承担高成本可不可以？

让客户去承担高成本，大部分企业都不敢冒这个风险，只有客户依赖性极高的企业才敢这么做。你们公司是这种企业吗？

显然不是。我们公司是上游求着供应商，下游求着客户，风箱里的老鼠——两头堵。所以，不可能让供应商降低成本，更不可能让客户承担成本。请问温老师，在这种状况下，如何控制成本，让公司营利？

我们首先要明确，降成本有"四不"。第一，不伤害利益共同体。你不能通过伤害利益共同体来换取成本降低。谁是你的利益共同体？第一个就是客户，第二个是供应商，第三个是员工，第四个是股东。第二，不能在弱势群体中寻求低成本。弱势群体本来就没有多少资产，生存得很艰难，如果企业还向他们转嫁成本，会反噬得企业活不下去。所以，在弱势群体中寻求低成本的最后结果往往是成本没转嫁多少，企业先活不下去了。聪明的企业不但不向弱势群体转嫁成本，还积极地去帮助弱势群体。第三，不迷失主流价值方向。主流价值就是企业的核心价值。花的钱也许不对，但是培育核心价值是有好处的。即使多花了钱，也不是方向性的错误。所以不要为了省钱损害核心价值。**第四，不过分追求低成本。**这个世界上空手套白狼的事情是没有的，有收益就必有代价。成本管控是让代价越来越小，收益越来越大。但是代价即使再小必然也是存在的。**控制成本是有限度的，不是没完没了地控制下去。控制到一定程度以后就探底了，探底了就不能再动了，再动就要付出代价。所以我们说，成本削减、成本转嫁都是为了取得成本优化，而不是追求一个绝对数字的下降。**

温老师，我们在实际工作中搞成本削减、成本管控，都是从供应商、客户、员工、股东那里进行削减、管控。你现在告诉我这几个方法都不能用，那我还怎么做成本削减、成本管控啊？

我把你们常走的路都给堵了，一定会指一条明路，否则你找我就没有意义了。

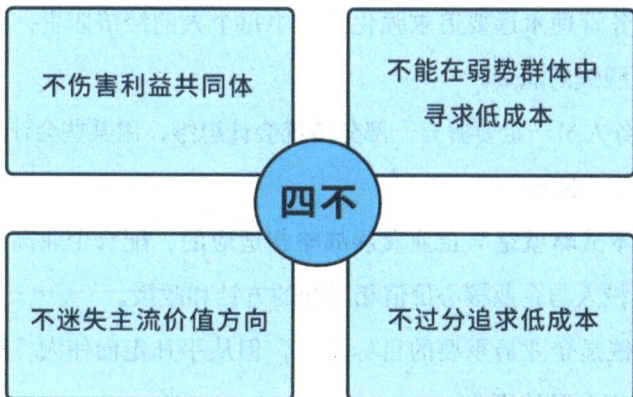

```
┌─────────────────┐        ┌─────────────────┐
│  不伤害利益共同体  │        │  不能在弱势群体中  │
│                 │        │   寻求低成本      │
└─────────────────┘        └─────────────────┘
              ╲       （四不）      ╱
┌─────────────────┐        ┌─────────────────┐
│ 不迷失主流价值方向 │        │  不过分追求低成本  │
│                 │        │                 │
└─────────────────┘        └─────────────────┘
```

降成本有四件事不能做

温老师有话说

1. 成本削减是一个群体活动，所以它是一门情商课。

2. 成本削减做不好，可能公司一分钱没少花，还把好人变成了坏人。

3. 我不认为成本管控是一个会计话题，所以站在会计的角度去分析对错，往往会把大家引入歧途。

4. 只要被称为"企业"，被叫作××公司，赚钱就是永远脱不掉的"红舞鞋"，是企业永恒的主题。

5. 员工的奖金是从履行经济职责中得来的。谁替公司赚钱就奖励谁，谁降低成本就奖励谁。

6. 财务管理永远要追求强化企业中每个人的经济职责，也就是强化每个人赚钱的职责。

7. 财务人员一定要摒弃一部分传统会计思维，用某些会计思维去做管理是没有出路的。

8. 成本战略就是与企业发展战略相适应的，配合企业高效运作，保证成本投入与企业核心价值相匹配的方针和政策。

9. 赚钱是企业最重要的目标之一，但从平凡走向伟大，赚钱的同时还要耕作自己的事业。

10. 所谓打造产业链实际上是打造一个挣不脱的高成本、低效率、坏结果的锁链。

11. 成本削减不可以危害核心价值，培育核心价值的钱该花一定要花。

12.如果在培育期控制成本和费用的方式错了，会给企业带来灭顶之灾。

13.处于成长期的企业的成本和费用管控目标不应是降低而应是增加支出，利用一切资源支持成长。

14.成熟期的企业不是靠成长来换取盈利，而是靠规模来换取盈利。

15.成本管控战略设计必须要符合企业的生命周期，只有这样才能保证企业花的钱与它的核心价值和生命周期合拍。

16.降成本有"四不"：第一，不伤害利益共同体；第二，不能在弱势群体中寻求低成本；第三，不迷失主流价值方向；第四，不过分追求低成本。

17.成本削减、成本转嫁都是为了取得成本优化，而不是追求一个绝对数字的下降。

第 2 篇

寻找成本削减空间

前情提要

如何保证做一件事得到正确的结果？需要有正确的观念、正确的方向和正确的方法。

温老师帮助袁莲树立了成本削减的正确观念和正确方向，但没有正确的方法，仍然不能到达正确的彼岸。袁莲认识到自己以前在成本管控中做的很多事都是不对的，或者说一开始的方向就错了。有了方向之后，袁莲开始寻求成本削减的入口。成本削减从哪里入手呢？温老师带领她迈出了成本削减的第一步。

什么是成本，什么是费用

温老师，上次您讲的成本削减的正确方向真是让我醍醐灌顶。但是当我真正进行成本削减的时候，发现还是不知道哪些是可以削减的，哪些是不可以削减的。难道是我的方向错了吗？

把一件事做正确需要有正确的观念、正确的方向和正确的方法。前面我帮助你树立了成本削减的正确观念和正确方向，但没有正确的方法，仍然不能到达正确的彼岸。你要想做好成本削减工作，首先必须搞清楚什么是成本、什么是费用。这里先介绍一下什么是成本。从字面上理解，成本就是做成一件事情的本钱。举个例子。

吴妈和阿Q结婚了，存了5万元。两个人商量着买辆车跑出租。他们从亲戚家借了10万元，答应一年给亲戚8%的利息。他们买车花了12万元，交保险费4 500元，20年营运证费是2万元。2020年8月，他们跑了一个月出租的收入是12 000元，交管理费4 500元，加油花了3 000元，修车花了350元，折旧费按每月1 000元，吃饭花了160元。

　　根据这些数字我们给吴妈和阿Q的出租车做个利润表，如表2-1所示。

表2-1　出租车运营的利润表1

单位：元

项目	金额		
主营业务收入			
主营业务成本		收入	12 000
		修理费	−350
		保险费	−375
		折旧费	−1 000
毛利			
经营费用		餐费	−160
		管理费	−4 500
		营运证费	−83
		汽油费	−3 000
		贷款利息	−667
税前利润			

　　我们一起来分析一下，他们的主营业务收入是多少。

　　12 000元。

　　没错。那么剩下的这些项目中，哪些是成本，哪些是费用？

　　修理费、保险费、餐费、管理费是费用，折旧费是成本。

　　你刚才判断哪个是成本哪个是费用，有什么依据？

如果是固定的支出就是成本，如果不是固定的支出就是费用。

如果按照你这个依据，我们来看一下这些支出哪些是固定的，哪些是不固定的。修理费、保险费、折旧费、餐费、管理费……这些好像全是固定的，贷款利息也是固定的。但是，这些都是成本吗？答案显然是不一定。

温老师，为什么要区分成本和费用？成本也好，费用也好，都是减项，只是早减和晚减的问题，一般减到最后就是利润。我们只要把利润算出来就好了，区分成本和费用似乎没有什么必要。

如果仅仅是为了得到利润，我也觉得没有必要。既然如此，我们似乎也没有必要编制利润表了。所以，财务会计往往只看重结果，并不重视过程。但是管理会计不仅需要重视最终的结果，还需要了解经营的过程，做好过程管理。因为管理不是在结果上管理，而是在过程中管理。把成本和费用区分开来，中间会显示很多过程指标。这些指标就是管理会计应该关心的东西，如毛利（收入减去成本等于毛利）。不同的会计计算的成本不一样，毛利就不一样。同一个产品，如果算出不同的毛利，就无法进行评价了，更无法去做成本管控，因此毛利是管理会计中一项非常重要的指标。管理会计中还有另一个重要的评价指标叫作边际利润，如果随意划分成本，边际利润就不准确。边际利润不准确，还怎么去计算和评价企业的经营过程呢？所以，分清楚成本和费用对于成本管控、成本削减非常重要。

什么是成本，什么是费用

成本是实现功能的代价，费用是经营功能的代价

管理会计师如何认定成本和费用呢？成本是为实现某种产品和服务的特定功能而付出的代价。每个产品都具备功能。对于一瓶水来说，解渴和携带就是它所具备的功能。为了让这瓶水具备解渴和携带的功能，显然你必须要付出代价，你付出的代价就是成本。出租车具备什么功能？为客人提供运输服务。把客人从甲地送到乙地必须付出什么代价？第一，你得有车。有人可能会说我可以把他背过去，那就不是出租车的特定功能了，而是属于改变功能，服务的性质发生了改变。因此在运输这一项服务中，车是必要条件之一。第二，你还得有汽油。没有汽

油，车就无法启动。第三，你还得有司机。这三个要素只要聚到一起，就可以实现出租车的功能，缺一不可。我们再看看在车上付出什么代价了。

第一，修理费。车坏了，就无法提供特定功能了，所以必须修，修理费是用来恢复功能的，所以是成本，如表2-2所示。

表2-2　出租车运营的利润表2

单位：元

	项目	金额			
主营业务收入		12 000			
主营业务成本					
	修理费	-350			
			保险费	-375	
			折旧费	-1 000	
	毛利		餐费	-160	
	经营费用				
			管理费	-4 500	
			营运证费	-83	
			汽油费	-3 000	
			贷款利息	-667	
税前利润					

贷款利息　-667　汽油费

第二，保险费。如果车撞坏了，就无法提供功能了，保险费可以让功能再生，所以也是成本，如表2-3所示。

表2-3　出租车运营的利润表3

单位：元

项目	金额		
主营业务收入		12 000	
主营业务成本			
	修理费	-350	
	保险费	-375	
			折旧费	-1 000
毛利			餐费	-160
经营费用			
			管理费	-4 500
			营运证费	-83
			汽油费	-3 000
			贷款利息	-667
税前利润			

第三，折旧费。车报废了，就无法买新车了，折旧是持续经营的需要。所以，折旧费也是成本，如表2-4所示。

表2-4 出租车运营的利润表4

单位：元

	项目	金额		
主营业务收入		12 000		
主营业务成本				
	修理费	−350		
	保险费	−375		
	折旧费	−1 000		
毛利			餐费	−160
经营费用				
			管理费	−4 500
			营运证费	−83
			汽油费	−3 000
			贷款利息	−667
税前利润				

第四，餐费。对于餐费，我们要具体情况具体分析。餐是谁吃的？阿Q吃的。阿Q是司机，是功能的一部分，所以餐费也是成本（见表2-5）。如果是吴妈吃的呢？那就是费用，因为吴妈跟功能没有直接关系。

表2-5　出租车运营的利润表5

单位：元

项目	金额			
主营业务收入		12 000		
主营业务成本				
	修理费	-350		
	保险费	-375		
	折旧费	-1 000		
	餐费	-160		
毛利				
经营费用				
			管理费	-4 500
			营运证费	-83
			汽油费	-3 000
税前利润			贷款利息	-667

第五，管理费。管理费是交给出租车公司的，不交这笔费用，虽然阿Q会失去出租车生意的经营权，但他还是可以继续开车，继续为客户提供服务。只是没有了经营权，阿Q无法向乘客收取费用。所以管理费和功能是没有关系的，是费用，如表2-6所示。

表2-6　出租车运营的利润表6

单位：元

	项目	金额			
主营业务收入		12 000			
主营业务成本					
	修理费	-350			
	保险费	-375			
	折旧费	-1 000			
	餐费	-160			
毛利					
经营费用					
	管理费	-4 500			
				营运证费	-83
				汽油费	-3 000
				贷款利息	-667
税前利润					

第六，营运证费，是保证功能的还是保证权利的？

保证权利的。

没错，营运证费是保证权利的。没有营运证照样可以开车，但不能经营，所以营运证费是费用，如表2-7所示。

表2-7　出租车运营的利润表7

单位：元

	项目	金额		
主营业务收入		12 000		
主营业务成本				
	修理费	−350		
	保险费	−375		
	折旧费	−1 000		
	餐费	−160		
毛利				
经营费用				
	管理费	−4 500		
	营运证费	−83		
			汽油费	−3 000
			贷款利息	−667
税前利润				

第七，汽油费。毫无疑问，汽油费是成本（见表2-8），因为没有汽油，车就启动不了，就没有服务功能了。

表2-8　出租车运营的利润表8

单位：元

	项目	金额		
主营业务收入		12 000		
主营业务成本				
	修理费	-350		
	保险费	-375		
	折旧费	-1 000		
	餐费	-160		
	汽油费	-3 000		
毛利				
经营费用				
	管理费	-4 500		
	营运证费	-83		
			贷款利息	-667
税前利润				

第八，贷款利息，是成本还是费用？

费用。

依据是什么？

跟功能无关。

贷款利息跟功能有关，因为车是贷款买的。没有贷款利息就没有贷款，没有贷款就没有车，没有车就没有功能。所以贷款利息也是成本。于是，利润表就制作完成了，如表2-9所示。

表2-9　出租车运营的利润表9

单位：元

		项目	金额
主营业务收入			12 000
主营业务成本			
		修理费	−350
		保险费	−375
		折旧费	−1 000
		餐费	−160
		汽油费	−3 000
毛利			
经营费用			
	营销费用		
		管理费	−4 500
		营运证费	−83
	管理费用		0
	财务费用		
		贷款利息	−667
税前利润			1 765

在表2-9中，成本和费用划分准确，利润计算准确。这样的利润表可以帮助我们了解经营的过程，做好过程管理和成本管控。

成本要素何时费用化

温老师，您说贷款利息是成本，但是在上一节的利润表里为什么又把它放到费用里去啦？

看来你已经注意到这一点了，在解释之前我先举个例子。如果一栋大楼建设时用了贷款，在建设过程中贷款利息应该属于什么？

大楼的建筑成本。

正确。大楼竣工以后继续支付贷款利息，按道理应该继续计入大楼的建筑成本，但大楼建设已经结束，工程竣工就不能再计入建筑成本。这是会计准则规定的。你知道这是什么原则吗？

历史成本原则。

正解！大楼一旦交付使用，大楼的价值必须保持原始价值，后续与大楼有关的支出应该计入运营费用（OPEX），所以贷款利息计入财务费用。

这样不就违背了配比原则吗？将大楼的支出计入运营费用，大楼的成本和运营费用都不真实了，应该资本化的支出计入运营费用，增加了当期费用，当期经营者也不愿意，因为贷款不是他用的，贷款利息却让他承担，减少了当期利润。

你这种说法乍一听好像有道理，其实细究是没有道理的。这个大楼投入使用后创造了价值，带来了收入，但是大楼产生的支出却不由经营者承担，这才是违背了配比原则。

如果大楼竣工以后闲置，没有投入运营，贷款利息照样支付，怎么办？

这种情况下，贷款利息应该继续属于当期支出，不管是否运营。资产闲置，当期经营者应该积极处置。总结一下：贷款利息是成本要素，但约定计入费用核算。

货款利息是成本要素，但约定计入费用核算

寻找成本削减的空间

我们把成本和费用分开之后，就可以开始计算毛利。以出租车运营为例。

毛利=销售收入−成本=12 000−4 885=7 115（元）

$$毛利率=7\ 015÷12\ 000≈59.3\%$$

毛利率是财务决策的重要指标，一个产品是否加大投入、是否退市，跟这个指标有很大关系。 如果成本和费用的划分是混乱的，那么这个指标也是不准确的，财务决策也是不恰当的。

其实这个指标也不靠谱，毛利率总是在变的，毛利率低了不一定是成本出问题了，销售规模的大小也影响着毛利率的高低。例如，上个月我们公司一个产品的毛利率是70%，这个月就变成了30%，成本并没有出问题，原因可能是产量下降了一半。一个总是在变化的指标并不适合作为管理的依据。

非常对，毛利率受到销量、产量、销售价格、成本等多种因素的影响，因此把它的高低只与其中的一种指标关联起来并不准确。管理会计师也发现了这个指标的缺陷，于是提出了一个更靠谱的指标，你知道是什么吗？

边际贡献！

聪明！边际贡献（Contribution Margin）怎么计算？

边际贡献=销售收入−变动成本

边际贡献率=边际贡献÷销售收入

根据这两个公式，我们将成本划分为"变动成本"（Variable Cost）和"固定成本"（Fixed Cost）。**变动成本随着业务量或产量的增减而增减，固定成本不随业务量或产量的增减而增减。** 这是管理会计中的第一课，叫成本习性划分。我们同样以出租车运营为例，对成本习性进行划分，如表2-10所示。

表2-10 出租车运营的利润表

单位：元

	习性	项目	金额
主营业务收入			12 000
主营业务成本			−4 885
	变动	修理费	−350
	固定	保险费	−375
	固定	折旧费	−1 000
	变动	餐费	−160
	变动	汽油费	−3 000
毛利			
经营费用			
	营销费用		
		管理费	−4 500
		营运证费	−83
	管理费用		0
	财务费用		
		贷款利息	−667
税前利润			1 865

表2-10中的成本习性划分做得对吗？

我觉得餐费不是变动的，人不工作也要吃饭，所以餐费是固定费用。

正确，业务量越大变动费用就越大，司机的饭量并不是随着工作量的增加而增加的。

但是餐费可以多也可以少，并不是一成不变的。

你是把变动费用理解成可控费用了，只要金额可以动，就是变动费用，这是错误的理解。随着业务量变动而变动的才是变动费用，不随业务量变动而变动的叫可控费用。不能把可控费用和变动费用混为一谈。餐费是固定费用中的可控费用。除了餐费，你觉得表2-10中还有什么地方有问题？

好像修理费的划分也不准确。跑得越多修得就越多，但不跑就不修好像又不对。

非常正确。一半变动一半固定的叫混合成本（Mixed Cost）。对于混合成本，如果金额比较大，对财务决策有显著影响，可以按比例进行分解；如果金额不大，通常按照固定成本认定。修理费显然不是有显著影响的项目，将其视为固定成本，有利于日后管控。分解结果如表2-11所示。

表2-11　出租车运营成本和费用分解表

支出项目	金额	成本习性			
		变动成本	固定成本	可控成本	不可控成本
修理费	−350		−350	−350	
保险费	−375		−375		−375
折旧费	−1 000		−1 000		−1 000
餐费	−160		−160	−160	
管理费	−4 500		−4 500		−4 500
贷款利息	−667		−667		−667
营运证费	−83		−83		−83
汽油费	−3 000	−3 000		−3 000	
合计	−10 135	−3 000	−7 135	−3 510	−6 625
成本固化率			70%		
成本可控率				35%	
成本变动率		30%			
成本刚化率					65%
边际贡献率					75%

经过分解，我们就可以找到降低成本的靶子。分解之后得出以下几个指标。

成本固化率=固定成本÷总成本=7 135÷10 135=70%

成本可控率=可控成本÷总成本=3 510÷10 135=35%

成本变动率=变动成本÷总成本=3 000÷10 135=30%

成本刚化率=不可控成本÷总成本=6 625÷10 135=65%

我们针对不同的成本习性，用不同的方法对成本进行评价，进而找到成本漏洞，做好成本管控。

不划分成本习性就无法管控吗？

以案例中的出租车运营为例，对于这几项支出来说，汽油费、折旧费、保险费都是刚需，属于无法管控的项目。同理，管理费、营运证费、贷款利息也需要按时支出，我们也无法管控。最后，我们发现能管控的是餐费和修理费。这样一来，我们在做成本管控的时候，可能会对员工和劳动工具造成伤害。我们做成本习性分析，实际上就是要分析哪些地方可以降低成本，哪些地方不可以降低成本。我们分析完了以后，发现出租车运营的成本固化率为70%，成本可控率只有35%。从这个角度来讲，在成本上是找不到管控出路的。所以我们的出路在哪里？出路在边际贡献上。边际贡献率是销售收入减去变动成本，然后除以销售收入。案例中的出租车运营的边际贡献率达到75%。边际贡献率就是边际利润率。边际利润率越高，就意味着业务规模越大，盈利能力就越强。因为固定成本不变，只有一项变动成本，所以利润会随着业务规模扩大而增加。所以，在边际贡献率达到75%的时候，我们应该去寻求业务的快速成长。如果吴妈跟阿Q说，今年成本费用要控制，大家都想方设法削减成本，你会说什么？

胡来，成本根本没有削减的空间，靠这个没有出路。

刚才你做的所有工作是帮助老板纠正了一家企业发展的方向性错误。

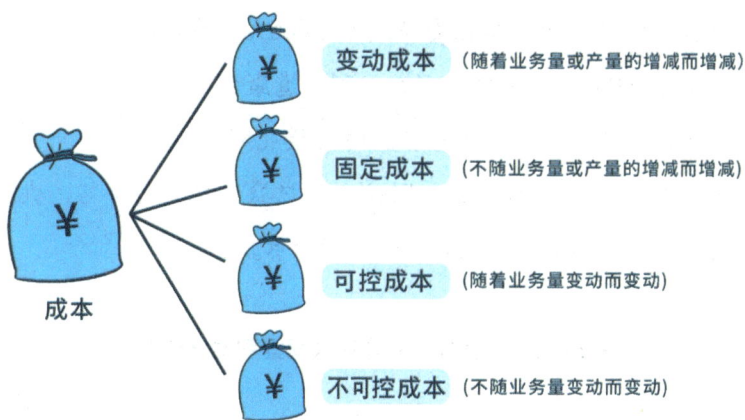

变动成本（随着业务量或产量的增减而增减）

固定成本（不随业务量或产量的增减而增减）

可控成本（随着业务量变动而变动）

不可控成本（不随业务量变动而变动）

成本

成本的划分

拼价格就是拼变动成本

在企业，尤其是制造企业里，成本如果是100元，通常有80%～85%的成本是变动成本。变动成本是由谁来规定的？我们生产一瓶水，选择用哪一种盖子、哪一种材料的瓶子以及哪一种防伪标签材料，这些都是研发和设计部门所决定的。因此在大多数情况下，一家企业里的变动成本都是由研发和设计部门规定的。如果用了不该用的材料，用了不必要的工艺，用了不该用的规格，用了不该用的设备，这些都会直接抬高变动成本。变动成本一旦被抬高，边际利润率就会下降，就直接影响到企业产品的竞争优势。我们来看一个案例。

有两家公司都是生产手机的，销售价格都一样，1 500元（见表2-12）。道康公司的销售量是6万台，九林公司的销售量是2万台。九林公司的单位变动成本是600元，道康公司的单位变动成本是750元。这两家公司都盈利，道康公司赚4 260万元，九林公司赚1 380万元。但是它们的同质化竞争非常大。同一个行业、同一个档次的产品、同一个客户群、相同的价格。九林公司和道康公司盈利对比1如表2-12所示。

表2-12　九林公司和道康公司盈利对比表1

单位：元

	九林公司	道康公司
销量（台）	20 000	60 000
销售价格	1 500	1 500
单位变动成本	600	750
固定成本总额	4 200 000	2 400 000
单位成本	810	790
营利	13 800 000	42 600 000

为什么要竞争啊？各卖各的呗。

你这就是不懂市场经济。市场经济永远不允许画地为牢，总是"吃着碗里的看着锅里的"，总是想把别人的拿过来。没有竞争就没有社会的进步。**竞争就是拼价格，拼价格就是拼成本。**我们来看一看，这两家公司哪一家具有成本优势？哪一家可以率先降低价格呢？道康公司的单位成本是790元，九林公司的单位成本是810元。现在问你，哪一家公司可以率先降价？

道康公司，因为它的单位成本低。

咱们来试一试，如果道康公司的手机售价由1 500元降到800元，一台手机就净减少利润700元。也就是说，它销售6万台手机就净减少利润4 200万元，但还继续盈利60万元。那么九林公司如果继续卖1 500元，它的市场就会丢失，九林公司的客户就会转向道康公司。所以九林公司只能跟着降到800元。这样一来，销售2万台手机的九林公司就亏损20万元。所以，道康公司率先降价确实对九林公司有很大的影响，如表2-13所示。如果九林公司不是跟着降到800元，而是降到700元，会怎么样？

表2-13　九林公司和道康公司盈利对比表2

单位：元

	九林公司	道康公司
销量（台）	20 000	60 000
销售价格	800	800
单位变动成本	600	750
固定成本总额	4 200 000	2 400 000
单位成本	810	790
盈利	-200 000	600 000

那九林公司是自寻死路啊，它根本就没有成本优势。

真的是这样吗？九林公司把价格降到700元，道康公司也跟着把价格降到700元，我们看一看两家公司的情况如何。道康公司赔540万元，九林公司赔220万元，如表2-14所示。

表2-14　九林公司和道康公司盈利对比表3

单位：元

	九林公司	道康公司
销量（台）	20 000	60 000
销售价格	700	700
单位变动成本	600	750
固定成本总额	4 200 000	2 400 000
单位成本	810	790
盈利	-2 200 000	-5 400 000

这是两败俱伤。

你错了。九林公司没有伤筋动骨，实际上是假亏损。为什么是假亏损？它赔的实际上是固定成本。它的固定成本是420万元，表面上看它赔了220万元，实际上是赚了200万元，固定成本回收了200万元。即使固定成本一分钱都收不回，对九林公司也不是伤筋动骨的事。因为固定成本已经投出了，剩下的只是回收快慢的问题。回收得慢，亏损的时间就长。这实际上不是真正的赔钱。所以说九林公司把价格定到700元，固定成本实际上是收得回来的。为什么固定成本能收回来？因为它有边际利润。有边际利润就不怕别人跟你竞争。有了边际利润，只要乘上一个大的数量，就可以赚钱。道康公司赔了540万元，是真正的赔钱。它的固定成本240万元一分钱都没有收回来，直接成本又赔了300万元。为什么它的直接成本赔了这么多？因为它的单位变动成本是750元，等于卖一台手机就赔50元，并且是卖得越多赔得越多。赔到倒闭，它都没有挣钱的可能性。所以，一般人会认为谁的成本低谁就有优势，实际上是不对的。管理会计师并不是只看成本这个指标，他看的是变动成本，谁的变动成本有优势，谁就有竞争力。

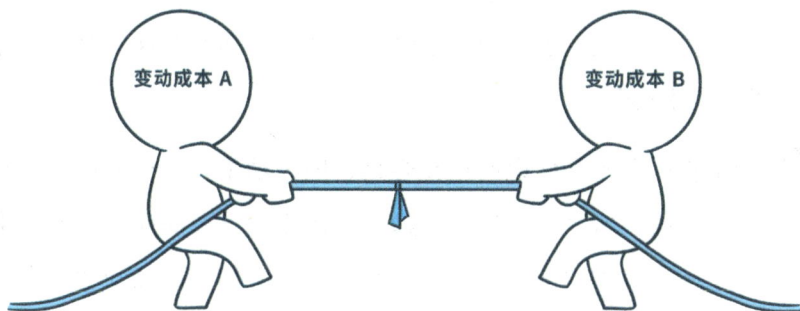

变动成本之间的较量

削减变动成本的障碍

很多企业经常会出现这样的问题：别的企业是怎么把这个产品做出来的，为什么它卖300元能挣钱，我们卖300元就赔钱。自家明明和别家用的是一样的原材料、一样的工艺以及一样的设备，为什么别家可以把成本降下来。后来发现是自家的变动成本高于别家的变动成本。变动成本是谁决定的？还是研发和设计部门。

老师，我们集团下面有个饮品公司跟你说的情况类似，您帮我们看看。

　　纯净食品公司是生产桶装和瓶装饮用水的厂家，其400mL瓶装水为主打产品，年产量为4 500万瓶，每瓶销售价格为1.1元，产品变动成本为0.80元，固定成本为每瓶0.50元，每瓶亏损0.20元。

有人说价格定错了。为什么卖1.1元？卖1.5元不就挣钱了。如果一定要定1.1元，那就把销量提高，现在是4 500万瓶，卖9 000万瓶不就挣钱了？

销量提高可不是你说的这么容易，因为销量和价格都是由市场来决定的。所以，管理会计师要盯向更加重要的地方。一般来说，固定成本的削减空间比较小，所以我们先研究变动成本。矿泉水成本的构成如表2-15所示。什么地方可以降成本？

表2-15　矿泉水成本构成表

单位：元

	成本构成
水	0.30
瓶体	0.02
瓶盖	0.01
标签	0.27
防伪	0.20
合计	0.80

标签。

如果你把标签的成本省掉，营销部门就会说你外行，标签体现的是产品的品牌，而品牌对于产品的销量又有着巨大的影响力。因此标签是产品中非常重要的组件，不能减少。

那就降低防伪的成本吧。

又有人会说你外行了。我们为什么只能卖1.1元，卖不到1.5元？因为假冒我们产品的人太多，如果在防伪上省钱，我们会在别的地方赔出去更多的钱。

也有道理。

所以，要想削减变动成本可谓是障碍重重。因为这个过程会涉及设计部门、营销部门、研发部门等企业中的其他重要部门，如果你找不到有说服力的理由，成本削减往往都会以失败告终。

财务人员真的需要懂业务吗

财务人员和其他部门沟通失败以后往往会被戴上一顶帽子：不懂业务！可是财务人员真的需要懂业务吗？一家房地产公司的会计为了帮助公司少交所得税，从水泥搅拌厂开了很多发票顶账，这些虚增交易的伎俩很低劣，骗不过税务人员，后来被税务局认定为虚假交易。理由很简单，就是从水泥搅拌厂到建筑工地的距离太远，运输时间超过水泥凝固时间。于是老板把这个罪过记在会计的头上，以此证明会计不懂业务是多大的危害。这是会计的罪过吗？请问房地产公司有几个人知道水泥的凝固时间，老板知道吗？人力资源总监知道吗？审计人员知道吗？90%的人都不知道，只要不在这个行业、不接触这些事的人都可能不知道，不知道不为过，但是为什么独独让会计承担这个罪过？会计拿发票顶账，那些懂行的人在干什么？签字批准付款是由谁来做的？懂行的人为什么不把关？老板逼这个会计要掌握建筑工程师和工地工人的知识，否则就是业财不融合。会计怎么办？立志从此以后要懂业务要内行。也许会计永远也懂不了业务，因为干的就不是那一行。干财务的不懂业务，这怎么成了罪过呢？而且别人拿这个东西来攻击会计不懂业务，然后会计也给自己戴一个不懂业务的帽子，从此以后再也抬不起头来了。为啥？因为会计不懂业务，他一张嘴就说外行话了，最后很多该说的话就闭嘴不说了。

温老师，前两天我们集团开财务会议，老板就强调财务人员要懂业务，其实我也比较困惑：怎样才算懂业务？谁也说不清楚。我也感觉财务人员给自己出了一道无解的题。

是，财务人员懂一些业务自然是好事，但这并不是一个必要条件。让财务人员懂业务实际上大大增加了财务人员实施管理的难度，财务人员可能并不懂研发，也不懂营销，可能也并不熟悉生产。事实上，作为财务人员，你可能一辈子都懂不了业务。但是不懂业务不代表你不能管理，管理和懂业务不能混为一谈。管理不需要你懂业务，管理需要你懂管理方法，会使用管理工具。这就跟开车的根本不需要懂造车一样，你只要掌握

了开车方法，就可以驾驶这辆车，而不是你不懂得造车就不能
驾驶这辆车。财务人员就是驾驶这辆车的，不是造车的，所以
我们只要掌握驾驶的技能就行了。我们现在有一个方法——成
本功能价值评价法可以使用，有的人叫它价值工程法，有的人
叫它价值评价法，叫什么不重要，会用才是王道。

管理需要你懂管理方法，会使用管理工具

温老师有话说

1.计算经营结果，追求经营结果没有问题，但是我们还需要了解经营的过程，做好过程管理。

2.成本是为实现某种产品和服务的特定功能而付出的代价，费用是和特定功能无关的支出。

3.贷款利息是成本要素，但约定计入费用核算。

4.毛利率是财务决策的重要指标，一个产品是否加大投入、是否退市，跟这个指标有很大关系。

5.变动成本随着业务量或产量的增减而增减，固定成本不随业务量或产量的增减而增减。

6.随着业务量变动而变动的才是变动费用，不随业务量变动而变动的叫可控费用。

7.边际利润率越高，就意味着业务规模越大，营利能力就越强。

8.谁的变动成本有优势，谁就有竞争力。

第3篇

设计环节的
成本削减

前情提要

　　拼产品就是拼价格，拼价格就是拼成本，变动成本削减是价格竞争中最有力的武器。而变动成本中的直接材料、直接人工和直接能源的消耗是设计部门规定的，要想削减变动成本，必须直接挑战设计成本。而因设计成本的技术门槛高，很难在削减变动成本上有所突破。温老师带领袁莲开始做一件内行人都却步的工作——挖掘设计成本中的成本浪费。

功能评价方法展示

温老师，上次我们一起探究成本的本质时您给了我很大的启发，那么我应该怎样着手去寻找成本削减的空间呢？

今天就教你什么是成本功能价值评价法。还记得我们上次探讨的成本的定义吗？

实现功能的代价。

非常好，我们再看一下上节课中提到的矿泉水的案例。表3-1中的哪些成本支出跟功能有关？

表3-1　矿泉水成本构成分析表

单位：元

	成本构成	功能评分	价值评分
水	0.30		
瓶体	0.02		
瓶盖	0.01		
标签	0.27		
防伪	0.20		
合计	0.80		

我觉得它们好像都和功能有关系。

标签和防伪有功能吗？当我们口渴的时候，如果瓶子里没有水，标签和防伪对我们来说形同虚设，它们并没有解渴的作用。

这么一说，瓶体、瓶盖也不能解渴，那么瓶体、瓶盖是没有功能的。

错了，瓶体、瓶盖是用来辅助水的功能实现的，所以它具有辅助功能。如果没有瓶体、瓶盖，那么水就没有了"容身之所"，所以说矿泉水的瓶体、瓶盖是有功能的，标签和防伪是零功能。管理会计有一个非常重要的方法，就是对无法用货币来计量的东西用分值来计量。简单来说，就是整个产品得分是十分，我们把这十分分解到你认为应该得分的地方。

现在你可以思考一下在功能上分别给水、瓶体、瓶盖、标签以及防伪什么样的分数。重要的功能给分就相对高一些，次要的功能给分就相对低一些，没有功能的就给零分，你会给出什么样的分数？

我给出的得分如表3-2所示。

表3-2　矿泉水成本构件价值评价表1

	成本构成	功能评分	价值评分
水	0.30	5	
瓶体	0.02	3	
瓶盖	0.01	2	
标签	0.27	0	
防伪	0.20	0	
合计	0.80	10	

功能传递功用、价值传递精神

我相信每个人根据自己的理解打出的分数都不一样，一定会有人把瓶体、瓶盖的分值打得比水的分值还高。其实在我们的生活中，就有包装物的成本比包装的内容的成本还高的产品。比如，某款矿泉水的瓶盖的形状像一个大帽子，瓶身像"麻花"一样，极具设计感，一眼看过去就知道瓶体比水还贵。明明消费者需要的是水，水是传递产品关键功能的东西，结果我们在提供辅助功能的瓶子上投入了很多本钱，是否有这个必要呢？显然一些企业会对这个问题给出肯定的回答，因为很多消费者会被瓶子的造型吸引而决定购买，所以那家销售矿泉水的企业卖的不是水，而是包装物。那这个钱该不该花呢？

我认为该花。

表3-2研究的矿泉水有一个假设条件，就是喝水的人是理性的，是奔着水去的，而不是奔着瓶子去的。我们产品的定位也是面向这些消费者的。那么，防伪和标签显然不具有产品的功能，所以在功能上得分是零分。为什么你刚才会认为防伪和标签是有功能的呢？因为你把产品的功能和价值混为一谈了。功能是企业在设计产品的时候考虑让产品发挥什么作用，能够满足使用者的特定需要，价值则是为了满足消费者的喜好。功能是一种物理性的、物质性的供给，而价值是一种精神层面的供给。

从发挥的作用上来看，防伪和标签没有功能，不具备解渴和携带的功能，但是它却具有价值。一瓶矿泉水没有标签也没有防伪，一般情况下我们可能不会喝。但是在极端情况下，如在沙漠中濒临死亡时，我们在喝水的时候并不会考虑这么多，这正是因为水提供的功能已经满足了我们的基本需求。很多产品投入的成本跟功能是没有关系的，但是这个钱必须花，因为它有价值。对产品进行功能评分只是一个方面，另一个重要的方面就是价值评价。每个人对产品价值的认知和喜好是不一样的，但是有一个共同的趋向，即大部分人是不是喜欢这些，他们喜欢的程度有多深。部分女性喜欢国际名牌包，从产品的功能上来说，国际名牌包可能还不如塑料袋，为什么有些女性不觉得拎着个塑料袋有多自豪，但是拎个国际名牌包就非常自豪？昨天你在地摊上花300元买了一个国际名牌包，和正品的国际名牌包一模一样，不是专业的人根本分不清楚，但是你自己心里明白这个包就是假货。你不愿意让人关注到这个包，别人一问你就心虚脸红，因为它毫无价值可言。后来，你老公去巴黎给你买了真的国际名牌包，第二天你精神抖擞地拎上这个包去上班，一种自豪感油然而生，这就是价值。所以，有些产品是传递功能的，有些产品是传递功能和价值的，还有些产品纯粹就是传递价值的。那表3-1中的矿泉水传递了什么价值？这时候我们就要用到价值评价法。

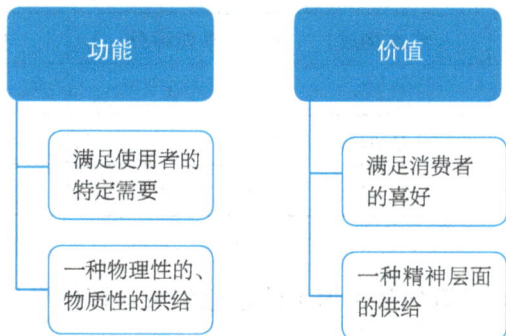

功能和价值概念对比图

价值评价方法展示

我们还是用十分制来对表3-2中的矿泉水进行价值评分。请你在5个成本构件中按十分制评分。你认为最有价值的部分就给较高的分值，价值低的自然就给相对较低的分值。你给的评分合计起来是十分。一瓶矿泉水对我们来说并不是什么特殊商品，每个人都在享受它的价值，人人都有能力去评价这瓶矿泉水的价值。现在请你对这瓶矿泉水的成本构件进行价值评价。

温老师，我已经完成了评分，如表3-3所示。

表3-3　矿泉水成本构件价值评价表2

	成本构成	功能评分	价值评分
水	0.30	5	4
瓶体	0.02	3	2
瓶盖	0.01	2	2

续表

	成本构成	功能评分	价值评分
标签	0.27	0	1
防伪	0.20	0	1
合计	0.80	10	10

我们现在来看看你从价值上给这瓶矿泉水打出来的分数。每个人对商品的感受会不一样，打出的分数自然也因人而异。但是我们可以通过价值评分达成一个共识，就是水在所有的成本构件中是传递关键功能和关键价值的；瓶体和瓶盖是传递辅助功能和相对重要的价值的；标签和防伪没有产品功能，但是具有识别和安全的保证作用，所以它是有价值的，但是它的价值再高也不能高过水和瓶子。

发掘错位成本

我们已经对表3-1中的矿泉水进行了功能评价和价值评价，现在我们来做最后一件事情——进行成本功能价值评价。成本是实现产品功能而付出的代价。只有满足客户需要的功能才有价值，客户不需要的功能显然就没有价值。功能越重要、价值越高的产品，我们越应该多花钱；功能没那么重要、价值不是很高的产品，我们就不应该花钱或者不应该花太多的钱。这就叫成本功能价值一致性。我们来看看表3-3中的5个成本构件符不符合这个原理。我们先看水，水的成本最高，花了0.30元，它的功能得分是5分，价值得分是4分，这两个得分在5个成本构件中都是最高的。所以水的成本功能和价值是一致的。我们再来看一看标签和防伪，成本上一共花了0.47元，约占成本的60%，但是在功能上的得分是0分，相对于其他构件来说，它们在价值上的得分也是较低的。显然，对于标签和防伪，我们用高成本做了一件零功能、低价值的事情，使成本功能价值不一致，这就叫作错位成本（Mismatch Cost）。错位成本就是花的钱与产品功能和价值不一致，属于成本浪费。

因此，对于表3-1中的案例来说，如果我们削减标签和防伪的成本，既不会影响产品的功能，也不会损害客户对它的价值评价。因为其功能评分是0，跟客户之间的价值关联程度也是最小的。如果在水上削减成本就会直接危害产品的功能和价值，客户是绝对不会同意的。比如把矿泉水换成自来水，0.30元的水变成了0.03元的水。这就等于把降成本建立在损害利益共同体之上，这不是成本削减，而是成本转嫁。如果在标签和防伪上降成本，尽管我们不能把这一部分的成本降到0，但是对于我们来说标签和防伪方面有成本削减的空间。这就是真正意义上的成本削减。

温老师，我觉得瓶体和瓶盖也可以降低成本。

瓶体和瓶盖相对于标签和防伪来说情况要复杂一点，判断它们是否存在成本削减的空间时需要考虑产品的定位，即产品定位的是什么样的客户群。把水装到塑料袋里也未必不行。比如，北京二锅头一开始就是装在塑料袋里，卖给马路边儿光着膀子拖板车的板儿爷，这个客户群并不是很在乎产品的包装，能喝就行。可是如果我们把茅台酒装在塑料袋里是万万不可能卖出去的。所以不同的客户群对产品的价值认知和接受程度是不一样的。这些都依赖于企业对产品的定位以及对客户群的定位。

我再举个例子，我们发现脑白金在做广告的时候，营销思路可能想表达它是礼品，所以一直强调"送礼就送脑白金"。有句俗话说得好："千里送鹅毛，礼轻情意重。"这个品牌或许就是那个"鹅毛"，传递的就是表达心意的价值，而客户花钱买体面就是价值的实现。

我们刚才用成本功能价值评价法发现了标签和防伪是高成本、零功能以及低价值的，找出了这款矿泉水的错位成本。这个方法复杂吗？

不复杂。没有这个方法，我也能看出防伪和标签存在成本浪费，有这个方法只是证明我的看法是对的。所以殊途同归，我觉得这个方法的意义不大。

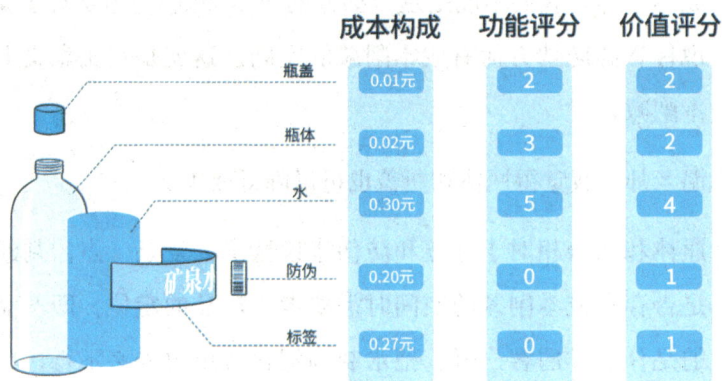

矿泉水成本构件价值评价

降成本不能跟着感觉走

我津津乐道地领着你挖掘一款矿泉水的变动成本中存在的浪费，通过成本功能价值评价法挖掘产品中的错位成本，可是你却觉得我们理性分析的结果和你一开始的感性认知是一样的，我们的分析都是白费力气。尽管两者的结果确实是一样的，但是你最开始的判断标准是自己的感觉，而感觉是因人而异的，每个人的感觉不一样。你的感觉只能说服你自己，却很难说服他人。一个产品的生产涉及多方的合作以及多种原材料的购买，大家各有各的道理，仅凭"感觉"二字是无法说服他人削减成本的，反而会让对方觉得你做事武断和不专业。只有通过科学的方法得出结论，才能做到有理有据，令人信服。成本功能价值评价法是一个科学的评价方法，不是凭感觉的。生产标签和防伪的部门可能会强调他们的工作很有必要，但是我们用功能评分发现标签和防伪是零功能，也就是说我们在标签和防伪上降低成本是不影响产品的功能和质量的。这时设计人员就不能用影响产品的功能和质量吓唬我们这些外行了，因为它是零功能的。在标签和防伪上花多少钱跟客户价值没有直接关系。你花钱多了，客户体会不到其中的价值；你花钱少了，客户也不会觉得自己的利益受到了损害。你一开始就认为标签和防伪有成本浪费，采用这个方法以后，我们证实了你的感觉是对的。但是不能因为证实了你的感觉是对的，就否定这个科学的方法。因为感觉是没有说服力的，只有科学才有说服力。如果跟着感觉走，这件事情是你自己来做自己承受，旁人是无权干涉的。但是在设计环节中降成本是需要取得别人的配合和支持的，而配合和支持来自认同。只有拿出科学的依据才容易取得认同，别人认同你才会与你同心协力。这就是感觉和科学的区别。

您这么一说我突然就明白了，以前在削减成本时就是没有科学的方法，仅凭自己的感觉来做决策，因此在后续执行时遇到了很多阻力，看来下次还是需要使用成本功能价值评价法这种科学的方法。

成本功能价值评价法在国际上很早就被投入使用了，它的叫法有很多，如价值工程法（Value Engineering）和价值评价法（Value Assessment）。对于我们来说，不管它的名字是什么，它都是一种行之有效的寻找错位成本的好方法。但是令人惋惜的是，很少在书本里看到这方面的介绍。事实上，这是一个挖掘设计领域、服务流程中成本浪费的杀手锏。

降成本不能跟着感觉走

错位成本催生了酒店新模式

温老师，我觉得成本功能价值评价法很好，不知道在酒店服务行业能不能适用？

我们先来分析一下酒店的主要功能是什么，具备什么价值。出差需要住酒店，所以酒店的关键功能是居住，这对客户来说是最重要的。至于大堂是否金碧辉煌，酒店是否有游泳池、健身房和KTV，这些附加条件对客户来说都没有那么重要，都不是客户选择酒店时最先考虑的。因此，我们可以得出结论，客房的居住功能对客户来说是最重要的功能，也是最关键的价值，我们自然应该在客房上多投入一些资金。否则，尽管大堂富丽堂皇，客户进入客房以后，发现清洁用品是劣质的，厕所臭气熏天，床单被褥不够干净，客户的心情就会立刻掉进冰窖。这样的酒店很显然没有提供良好的功能以及价值给客户。然而这种局面并不是酒店的资金不足导致的，酒店每年都会花很多钱去升级改造，但是把钱都用到了跟客户没有直接价值关系的地方，如酒店的星级评比。事实上，现在很多人在挑选酒店的时候并不在意酒店的星级。有人发现传统酒店中存在严重的错位成本投入，于是开始搞另一套酒店系统——不参加星级评比，酒店好不好由客户说了算。酒店开在闹市区，客户来去方便；没有大堂，没有餐厅，只有简餐；没有游泳池、健身房和KTV，在建设时把钱花在客房上；床和床上用品绝对干净舒服，厕所保证整洁无异味，一次性洗漱用品都是使用的无菌包装。总而言之，客房并不富丽堂皇，但是干净、舒适、整洁。这些恰恰都是客户非常在乎也非常需要的东西，这样的酒店成本投入不是很大，把有限的钱花在关键的功能和重要的价值上，直接满足客户的需求，这就是成本功能价值一致性。目前大众所熟知的自主品牌连锁店——如家快捷酒店、七天酒店等都是采用的这种经营理念，它们的销售价格一点儿不比星级酒店低，纠正了传统酒店中的错位成本，开辟了一个新的酒店模式。这不是很好吗？

> 客房的居住功能对客户
> 来说是最重要的功能

错位成本催生了酒店新模式

这个账单应该继续邮寄吗

服务业的成本浪费也是很惊人的。服务成本是在服务流程中产生的，一项服务需要做哪些工作，需要消耗哪些资源，该不该做这些工作，该不该消耗这些资源，消耗的资源传递的是什么功能和价值，客户能不能体会到这个功能和价值，这些问题如果不用成本功能价值评价法仔细分析，我们很难做到清晰明了。因此有时候一些企业在某些地方投入了人力、物力，而客户不但不感谢它们还投诉它们，甚至客户还要花钱解决企业给他带来的麻烦，导致企业用高成本去传递零功能和负价值。我有一个直接的体验。

我曾经在招商银行有一个账户，过去每个月都会收到银行给我寄来的账单。因为这项服务，我每个月都可以清楚地了解到账户的收支情况，这对我来说是一个很好的体验。

后来招商银行开通了网上银行，通过这个服务我可以实时地了解账户的收支情况，这与邮寄账单的功能重复，因此银行便没有必要给我寄账单了。于是我就联系了客服中心，希望取消邮寄账单，结果被客服中心的服务人员告知账单不能取消，他说当初开户的时候，银行在开户协议里承诺了要给客户提供这项服务，所以要兑现承诺。可是用户现在不需要这个承诺，这就好比客户现在身上不痒，银行强行要给客户挠痒，就因为当初承诺了要挠痒，这实在是让人难受。

后来这项服务还给我带来了麻烦。有一次我老婆打开了我的账单并实施了严格的"审计"，当出现我回答不上来的问题时，她就开始想入非非。这项服务造成了一系列的家庭矛盾。

当一项服务给客户传递了其他服务已有的功能，这项服务当然也就没有价值了。我们再来分析一下提供这项重复功能的成本是多少。发一份账单的成本包括设备费、纸张费、人工费、邮寄费，加到一起最少也得2元。招商银行的客户至少有500万人，这样一个月就得花费1000万元，一年需要花费12 000万元。可是这些钱花出去了，客户服务得到改善了吗？值得吗？这项服务刚开始提供的时候肯定产生了价值，因为它给客户提供了很好的体验。随着互联网业务的开展，客户可以实时知道账户的收支情况后，这项服务就显得多余了。这项服务成本高、功能重复、给客户传递的是负价值，就是典型的错位成本，开始并没有错位，后来便发生错位了。对于这个错位，晚纠正一个月就浪费1000万元，晚纠正一年就浪费12 000万元，如果能够及时纠正节约多少成本啊。

一盒特殊火柴的错位成本

我们再讲一个小案例。

　　有一家五星级酒店的抽烟区提供的火柴比正常的火柴要长出三倍，也比正常的火柴要粗一些。酒店的火柴应该是提供给客户点烟用的，但是这盒特殊的火柴的功能显然超过了普通火柴的功能。一根火柴可以为七八个人点烟，而正常情况下一个抽烟区只能容纳三到四个人，因此这盒火柴所提供的功能存在多余部分。

这盒火柴的成本比普通火柴的成本要多出两倍，但它多余的功能传递的却是零功能和零价值，这就是错位成本。

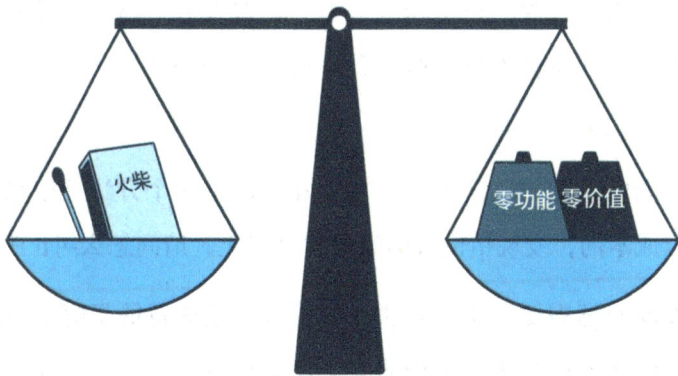

一盒特殊火柴的错位成本

纠正错位成本可以防止离婚

刚才说的都是商业上的案例，其实只要你懂得成本功能价值评价法，用这个方法去看身边的事情，就会发现处处都有错位成本，处处都有成本浪费。比如装修房子，你想在这里花几千元做个柜子，你老公却想在这里放一张桌子，这时就出现了分歧。由于这样的分歧太多，夫妻双方都不退让，很多夫妻装修完房子以后干脆房子也不住了，直接就去办离婚手续。其实成本功能价值评价法可以很好地解决装修中的矛盾。比如，你可以问你的老公为什么要在这个地方这样设计，这样做实现了什么功能，传递了什么价值。你的老公可能会回答，没什么特别的功能，仅仅是因为赏心悦目，喜欢正是价值所在。可是房子是两个人共同居住的，需要考虑别人的喜好，一个人喜欢而另一个人不喜欢，正负相抵为零。花费人力、物力传递零功能和零价值，这样大可不必。管理的理念都是相通的，不管是解决企业的矛盾还是解决工作或生活中的矛盾。

温老师，我知道这个方法非常好，但是这个方法是用来发现错位成本的，发现错位成本的目的是纠正。请问怎么纠正呢？

发现问题需要科学的方法，但发现问题的目的是解决问题。如果问题不能解决，发现的意义就大打折扣了。前面我们用成本功能价值评价法发现那款矿泉水中的标签和防伪，60%的成本传递的是零功能和低价值，认定它是错位成本，那么我们现在必须纠正它。设计部门当然需要改变设计，而改变设计的前提是他们认同这件事。我们假设设计部门参加了成本功能价值评价的过程，那么他们对此是认可和接受的。接下来他们应该对标签和防伪的质量和技术规格的要求进行修改，但是设计部门在一般情况下都不会很积极，因为这无端给他们增加了很多工作量。这可怎么办？让老板给设计总监施加压力吗？这可不是一个高情商的财务管理人员该干的事儿。财务管理推行的是制度治理，不是寻求行政施压。制度治理的第一个要素就是目标引导。如那款矿泉水标签和防伪的成本共计0.47元，我们现在要给设计部门制定一个降成本三级递进目标，底限目标是把成本降到0.30元，进取目标是把成本降到0.20元，挑战目标是把成本降到0.17元。假如一年生产4 500万瓶矿泉水，设计部门就这一项成本削减可以给公司降低成本的底限目标是765万元，进取目标是1 215万元，挑战目标是1 350万元。这是一件非常值得投入的事情，因此我们应该把这个目标和设计人员的业绩挂钩，也就是说要为设计部门提供完成降成本目标的现金奖励。有句俗话说得好："无利不起早。"设计部门嫌麻烦的主要原因是增加了工作量，而且为公司节省了开支，自己却得不到任何好处。在这种情况下他们的积极性完全没有被调动。但如果我们将节省的成本与他们的奖金挂钩，那么他们的积极性就很容易被调动了。他们甚至会发现不仅是矿泉水上有错位成本，其他产品上也有错位成本。他们开始用我们给的工具和方法去主动地发现设计成本的各种问题，主动地予以纠正。管理的最高境界是自我管理。你看我们现在通过制度设计，在设计领域中形成一个良好的自我发现、自我纠正、自我约束的机制。我们并没有去向老板告状，自己也没有冲到一线，现在是成本责任中心自己真正地承担起了经济职责。这正是财务管理想要的结果。完成这项工作可以给公司降低上千万元的成本，这表面上是设计部门的功劳，实际上真正的幕后操纵者是财务人员。

现在来看一看，我们把标签和防伪的成本从0.47元降到了0.30元，成本削减了将近1 000万元。这个成本消失了，今年不再发生，以后也永远不会再发生，这就叫成本削减。削减了这些成本是否伤害了我们的利益共同体？我们把标签和防伪的成本削减了，客户是否有意见？

客户没意见。因为没有改变产品的品质，也没有降低产品的技术标准，不危害客户的价值。

员工有意见吗？

这和员工没有明显的利益关系，没意见。

那么股东高兴吗？

股东当然高兴了！利润增加了、回报加大了，能不高兴吗？

供应商高兴吗？原来能花0.47元做防伪和标签，现在只能花0.30元了。

供应商会不高兴。

按理说供应商会不高兴，因为你修改了质量标准和技术要求，可事实上供应商的生产成本也下降了，利润空间并没有受到影响。所以供应商也没有什么意见，这并没有危害他的利益。

设计部门承担起经济职责

不能在利益共同体的错误中获利

温老师，您在前面第七节提到的银行给客户邮寄对账单属于错位成本，具有零功能、负价值，应该马上取消，但是这样做会损害邮政方的利益。现在随着物流的不断完善，邮政的处境变得越来越艰难。而且您说过削减成本不能伤害利益共同体，银行取消邮寄对账单虽然降低了成本，但它危害了银行的供应商——邮政公司的利益。

作为企业的老板，不能为了一个合作方的利益而在很大程度上损失自己企业的利益。降成本确实不能伤害供应商的利益，但更重要的是不能伤害客户的利益。银行是邮政公司的客户，客户犯了个错误虽然给你带来了利益，但是你应该帮助客户及时改正错误，而不是希望客户一直错下去。你的营利模式是建立在客户犯错误的基础之上的，还寄希望于客户永不纠正错误，这样的路是走不长远的。所以你要做的是赶快思考营利模式的改变和经营方向的调整。

温老师，成本功能价值评价法在实施过程中应该怎么组织，怎么奖励？您刚才介绍的好像是财务人员是操盘手，但我觉得在很多公司里财务人员很难去推动这些部门做这个工作，方法很美好，实施很艰难。

不能在利益共同的错误中获利

设计环节中的均衡和牵制

我们刚才说的这些东西的道理并不复杂，理论也不深奥，大家应该都可以理解和接受，但是到实施的时候却发现非常困难，一定是哪里出了问题。一般我们有两个解决问题的办法：第一个是思想保证，就是让别人接受、认同我们的理论和方法；第二个是组织保证，谁来削减成本、削减到什么程度、削减成本后有什么奖励，这些都必须在制度中体现，否则正确的东西永远落实不到行动上。产品就是设计人员的孩子，让设计人员寻找自己的设计缺陷、问题，这是逼迫他们进行自我批评，而批评自己是挑战人性，一项管理只要去挑战人性，最后的结果都是人性战胜管理。那么这个时候我们应该怎么办呢？有人提出了"制度制衡"，我以前使用过这个方法，效果很好。设计部门实际上承担着两个任务：一个是新产品的开发和新技术的研究；另一个是老产品的更新、升级、改造，其中一个重要的内容就是成本优化。自己设计的产品自己优化其实是很难的，所以我们把设计部门一分为二。一部分人专门负责新产品的开发和新技术的研究，他们的任务就是让产品的功能达到最佳，可以不考虑代价问题。另一部分人要对现有的产品设计、流程进行优化，优化的方法就是成本功能价值评价法，他们的任务就是在保证产品质量和技术标准不改变的前提下，让成本达到最优。这就好比产品设计者来设计产品，产品优化者来迭代产品。产品设计者的人越看越喜欢，简直就是精品，产品优化者一看尽是毛病，两个极端。我们需要这两个极端，只有两个极端才能形成制衡。可是在这种情况下如果制衡不好，就会出现这种情况：产品优化者会渐渐发现现有产品的缺点，批评产品并给产品设计者提意见，偏激的时候可能会直接迁怒到设计者。这样就会在队伍中产生矛盾，造成产品设计者不愿意去设计产品了，他也想带着负面情绪批评产品、批评别人。事实上，负责产品优化的那个队伍也不愿意去批评别人，因为批评毕竟是得罪人的。被批评的人始终都是不悦的，即使批评的那一方说的是对的，但忠言往往逆耳。长此以往，这种制衡很可能会造成相互之间的对立，这也不是我们财务管理人员想要的结果，所以均衡和牵制是很重要的。

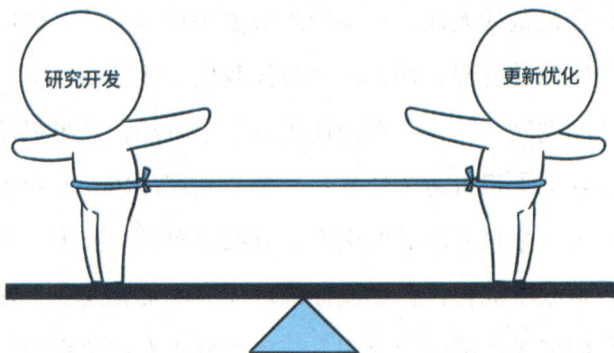

设计环节中的均衡和牵制

设计环节削减成本的制度推动

曾经有一家企业的管理人员向我求助，成本功能价值评价法启发了他，他回去以后就推动设计部门追求成本优化，效果非常显著，当年设计成本下降了好几千万元。财务部门和人力资源部门按当初的约定给设计人员奖励，可是等到谈奖励的时候，老板出了一个馊主意，成本优化人员的奖励成本由设计人员承担，企业不负责。也就是说奖励成本优化人员，惩罚产品设计人员。这是一个非常糟糕的举措，把错位成本当成了设计人员的过错而进行惩罚，这样下去便没有人承认自己在设计过程中存在问题，最后导致谁也不愿去设计产品了。因为如果将来成本出了问题，设计人员是要承担经济责任的。这样做的另一个后果是会迫使设计人员在设计时过多地考虑成本而创造不出好产品。成本优化应只奖不罚，这是一个重要的原则。成本错位及成本浪费有各种各样的原因。我们追求成本削减不是为了寻找成本浪费的责任源头，而是为了找到流程中存在的成本削减空间，再合理地纠正成本错位及成本浪费。如果错误被及时纠正了，这个进步或贡献是应该被奖励的。如果仍去追究成本错位的源头并施以惩罚，也就无人愿意在企业中搞成本优化、挖掘成本漏洞了。企业省了钱，不但不感谢员工，反而惩罚员工，还要让一部分员工和另外一部分员工"战斗"。长此以往，成本优化就会因为无人愿意费心去研究和实施而沦为一纸空文。管理会计本身就不是非常复杂或者高深的学问，它是一种管理哲学或者叫管理逻辑。你只要掌握了这个逻辑，掌握了这种哲学，在任何地方都可以使用。

温老师有话说

1.我们要对产品的各个部件进行拆分，分别对各个组件进行功能与价值的打分。

2.通过打分找出价值与功能得分不匹配的点，再进一步去思考产品的定位及用户需求，确定是否有成本削减的空间。

3.成本削减需要使用科学的方法，不能凭感觉。

4.成本削减不能损害利益共同体的利益，更不能损害客户的利益。

5.成本削减需要制度的保证，需要在设置机构的时候考虑一定的制衡，需要用奖励的方式激发设计人员自发寻找成本削减空间的积极性，绝对不能使用成本转嫁的方式惩罚设计人员。

6.成本功能价值评价法的科学理念可以运用在生活中，帮助我们解决生活和工作中的矛盾。

第 4 篇

采购环节的成本削减

　　成本功能价值评价法挑战设计成本，成功地挖掘出了设计环节的"错位成本"，为设计环节降成本指明了方向，对不懂设计的人员来说太有用了。

　　下一个题目就是采购环节的成本削减，采购价格是否合理，如何让公司买到质优价廉的原材料和零部件。袁莲在企业中尝试过招标、竞价等多种手段，但效果并不明显。袁莲再次向温老师求助。

采购环节降成本就像盲人摸象

温老师，上次的课程中您介绍了设计环节的成本削减，我觉得受益匪浅。但是，我认为在企业中，采购环节的成本削减空间是最大的。采购成本该如何削减呢？

我不同意你的观点，采购成本削减空间比较大，但不是最大。采购成本在制造企业中对成本的影响力在10%~15%，所以它对成本的影响程度没有我们想象的那么大，更不是最大。你会认为采购成本削减空间最大只是因为对成本影响最大的不容易被发现，产品或者服务成本高了，通常我们会认为是采购部门把东西买贵了，或者生产部门把东西生产贵了，其实这属于本末倒置。大多数情况下，让企业产品变贵了的是设计部门。设计部门是第一操盘手，采购部门是第二操盘手，生产部门则是第三操盘手。降成本的时候我们总是从排行老三的生产部门开始，是因为老三是看得见摸得着的，而且老三的工作损耗有什么浪费立马就会被我们看见。居于老二位置的采购部门只要把东西买来了，即使买贵了，无质量问题或其他特殊原因，生产部门也只能使用，并没有退货的权利。当然，采购部门平时也在降成本，但是他们的降成本工作并没有硬性的任务指标，他们对于降成本可能没有那么"尽心尽力"，降成本工作就像盲人摸象，能降多少是多少。当然有些企业是布置了任务的，一般是老板给采购部门布置任务："采购部门今年争取降成本1 000万元，降成本的途径需要你们在工作中探索，你们要尽力实现这个目标。"有目标总比没有目标强，有这个目标之后，采购总监就带着采购员、采购经理去跟供应商谈，最后把1 000万元凑出来了，顺利完成了老板布置的任务。老板非常高兴，定下明年的目标是继续削减1 000万元，于是演变成明年削减1 000万元，后年削减1 000万元，大后年还削减1 000万元……这么下去的结果是供应商拒绝供货了。这就是我们在第一篇十六节说的"墨菲陷阱"。因为老板不知道供应商还有多大的空间让他挤，好像供应商总有削减的空间，就会自然而然地进入这种恶性循环。另外，企业的采购成本削减可能还有更大的空间，但老板给采购部门定了目标，他们就只会按照老板定的目标去做，丧失了主动性。

确实是这样，万力汽车制造公司是我们集团的子公司，该公司的总经理和采购总监之间就存在这样的争执。

万力汽车制造公司近几年的销售规模以每年30%的速度增长，但利润率只有13%。公司发现给自己产品做配套的上游供应商的综合利润率达25%，便要求采购部门加大降低采购价格的力度，但采购人员认为由于原材料价格上涨，供应商已经没有降价空间，降低采购成本变得越来越困难。对于采购成本削减空间的判断，老板认为有很大空间，而真正去做事情的人认为没有空间。

你是什么意见？

我肯定支持老板的意见。

立场上你是对的，老板肯定喜欢你这样的员工。现在老板想做的事情员工不配合，员工不配合也不是有意跟他抵抗，是员工也确实认为对方已经没有什么降价空间了。这个时候财务管理人员不是要选择站队，而是要找到问题的症结。这个问题的根本并不是成本能不能降，而是老板和采购部门之间没有一个共同的方法来降低成本。老板判断供应商还可以降低成本，也是靠从业经验判断而已。**成本不是靠判断降下来的，而是靠方法降下来的。**

采购环节降成本就像盲人摸象

采购员的三种做法

在实际工作中，采购员面对成本问题会如何处理呢?举个例子，我们公司在采购汽车零部件的时候发现一个问题，同样的产品，供应商供应给其他客户的价格比供应给我们的价格便宜。

这样的话就仅仅因为这一个零部件，我们公司每年就要多付给供应商350万元。采购员李强是知晓这件事的，你觉得他是什么反应？有几个选择。第一，李强马上向公司报告，说供应商多挣我们钱了，公司应该重新跟供应商谈采购价格，重新签合同。你认为李强会这样做吗？

不会。

第二，不吭声，赚就赚呗，赚的反正也不是我的钱。

有一部分采购员会这样。

第三，李强主动跟供应商谈：你赚我们公司那么多钱，你好意思吗？但凡有点情商的供应商都知道是什么意思，答应给他10%的回扣。

这样做的采购员应该有很多。

供应商一年多赚我们公司350万元，采购员发现公司东西买贵了，第一时间告诉公司，跟财务部门说不付款，然后跟老板说重新签合同，这样的采购员在现实中恐怕很少。一部分采购员会说，供应商已经不挣钱，都快赔钱了。还有的采购员给供应商付款的积极性特别高，合同定的是60天付款，才30天就要付。其实是他急着拿回扣，所以让公司把钱付了。10%的回扣，一年35万元，比公司给的工资还高。采购员拿了回扣，当然不可能再去降供应商的价格。所以，这样的采购人员从某种意义上来说已经不是公司的员工了，因为他已经跟公司不是利益共同体了。拿回扣是不是违反职业道德的？

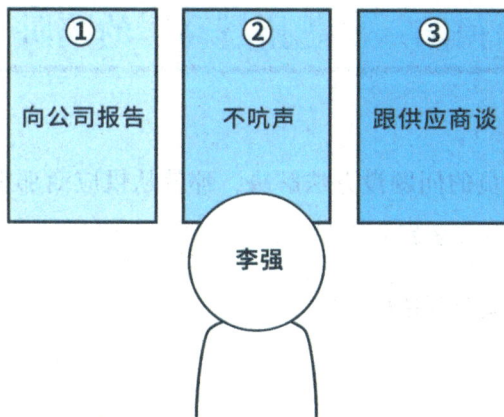

采购员的三种选择

是。

当然现实中只有极少数采购员会选择这种违反职业道德的做法，因为在公司账外暗中拿回扣是违法的，我也非常反对这种做法。如果所有采购员都这样，公司的采购成本就更不可能降下去了。大部分的采购员可能会选择"不作为"，这种采购员明明知道供应商多赚了公司的钱，但是他不想降低供应商的价格，供应商给他回扣他也不要。拿回扣的采购员如果被发现了，公司可以按照规定施加惩处，但是对于这种不拿回扣的采购员呢？其实他们给公司造成的成本危害是一样的。另外，有企业管理经验的人都知道，发现采购员拿回扣的行为后，即使公司发现并惩罚了他，以前公司每年多付的350万元追回成本很高，公司的成本仍会居高不下。所以，财务管理不要用惩罚的方式解决公司的管理问题。财务管理永远要追求过程改进，惩罚是纪检和监察的事，是审计的事，我们的目标要集中在降成本上。

采购招标为何陷入"越招越高"的陷阱

既然采购员的问题没办法解决，那就从供应商那里想办法。公开招标是不是更好？

你们公司搞公开招标吗？

搞。

效果如何？

能降一些，但是效果不明显。

有些采购具备公开招标的条件，还有一些采购不具备公开招标的条件，连比价的可能性都没有。即使有招标的条件，我们也不能保证招标的价格一定会回到合理的位置，所以不要迷信招标。

我有一个朋友开了一家承揽项目的公司。他的公司没有人员、设备、技术，大概是资产最轻的公司了。有一回他到我家做客，问我："财务部不付款有没有什么办法？"我说："哪个财务部啊？"他说："招标企业的财务部。""为什么不付款？""我没参加招标，财务部拒付。""没参加招标就把活干完啦？""对呀！""这可是不合规的，这样的活你也敢接"他听我这么一说，笑着说道："我告诉你吧！明天我就去参加竞标，后天就中标，大后天财务部就老老实实地付钱。我不着急，好些人比我还着急呢。"他说的"好些人"是谁呀？就是企业里负责招标的人，那些人的利益在其中，能不让他中标吗？能不付款吗？能不给加价吗？后来我听说，一根电线杆的报价就是1万元。

你发现其中的问题了吗？企业负责招标的人若是和参加招标的企业有利益勾结，招标不仅形同虚设，而且企业的成本也会越来越高，这属于违规操作。当然招标也有把成本降下来的，那是因为企业负责招标的人和参加招标的企业没有利益关联。

温老师，我的印象中好像有很多大型跨国公司都是采用公开招标的方式采购的。

没错，我们耳熟能详的跨国公司基本上都是通过招标的方式采购，招标的效果也非常好。种子好就一定会有好收成吗？不一定，还要看地怎么样。如果是块盐碱地，再好的种子种下去也会烂掉。有些企业的采购员以个人利益为上，凭借自己的职能中饱私囊，这样的企业很难让招标发挥出其应有的价值。当然好的东西总归是好的，不能因为有些企业用不了就予以否定，问题不在种子身上，我们需要去改造土壤。

供应型采购降价——靶向成本法

采购成本必须降，竞价也好、招标也好，我们最终的目的实际上是找到一个合格的供应商以合理的价格向我们提供服务。这个问题就可以用杠杆控制法来解决。采购物料分为两类：供应导向型采购物料和成本导向型采购物料。供应导向型采购物料，即市场供应不足，卖方主导市场的物料。这种情况下卖方是强势的一方，我们基本上没有和卖方讨价还价的余地。采购这种物料，如果供应商要涨价，上游价格不停地上涨会导致我们自己的成本越来越高。上游供应商涨价通常是刚性涨价，往往是整个行业一起涨价，并不是针对某一家企业，如石油、钢材。这种行业涨价必须通过提高销售价格将成本压力转移出去，销售价格必须和采购价格联动。财务管理人员第一个就想到供销价格联动机制有没有建立起来。如果没有联动机制，往往是产品已经卖出去以后才发现赔了，赔的原因是上游涨价我们没涨。

但是，温老师，我们都是跟客户先谈好项目的销售价格，销售价格是合同上面写好的，不能随意更改。我们有一年半的时间把这个项目做完，等项目做完了以后我们是赔钱的，因为做项目的过程中上游供应商不停地涨价，而我们又无法传导下去。这种先锁定项目销售价格的情况，即使最后是赔钱的，我们也无法去找客户"讨说法"，客户也不认账，最后等于我们白费工夫。客户深表同情但是没办法。

为什么会出现这种情况？显然在拿到这个项目的时候，没有用杠杆控制法锁定上游供应商。杠杆控制法来自管理会计里一个重要的成本控制方法，叫靶向成本法（Target Costing）。靶向成本法的基本原理就是先把项目款锁定，再锁定成本。比如这个项目现在是3000万元，必须测算出三个价格。首先考虑保本价，大家可能在管理会计相关课程中学过如何保本定价，这个项目的边际贡献率是知道的，也可以要求必须达到什么样的边际贡献率。也就是说，考虑固定成本，要保证做这个项目不赔不赚，应该报一个什么价。这就是我们的价格底限。然后再考虑做这件事情，必须有什么样的回报，这个回报定到什么水平。通常我们把它叫作稳健价格。通常稳健价格的增长系数是0.25，就是在保本之上要达到0.25的系数。最后是强进价，把系数做到0.5。强进价是指这个项目里有太多的不可控因素，不可控因素占到60%就意味着这些情况随时都会出现，出现以后就有可能造成公司赔钱。所以这个时候按照项目成本亏损的风险程度，实行三个报价。当然出于竞争的要求，可以不赚钱，明确地告诉客户不挣他的钱，把公式也告诉客户，让客户知道这个价格是怎么算出来的。跟客户坦诚地说，也是市场促销的一个方式。以后客户会明白，上一次的项目合作你是赔钱的，下一次应该要让你找回来，这些都是可以沟通的。这就是通过靶向定价，拿掉靶向利润，计算出靶向成本，再反向设计靶向成本，把靶向成本精确到采购靶向成本、运营或者施工靶向成本，各家拿走自己的靶向成本、绝对不允许突破靶向总成本。大家在靶向成本的引导下做事，就能保证在整个项目运转过程中不可能也不会出现项目结束以后发现公司赔了一大笔钱。

靶向成本法实际上就是先定杠杆目标和杠杆利润，因为价格会同步呈现杠杆变化，你跟客户已经把价格都锁定后，它已经变成了固定的杠杆。这个杠杆是不动的，所以为了保证公司的目标受控、成本受控，必须规定好每个环节的靶向成本，然后每个部门按照这个靶向成本来做事。这样，采购部门就会在靶向成本的引导下去买合适的、质量达标的东西。当然我们在后面讲考核的时候，还要告诉他们靶向成本引导的实现跟各责任中心的利益是有关系的，所以他们不会盲目突破靶向成本。

靶向成本法

成本型采购降价——滚动杠杆控制法

第二类是成本导向型采购物料，就是向谁买、买多少、什么价格，我们有充分的选择权。成本导向型采购物料可以建立杠杆价格。杠杆定价的基本原理很简单，根据上一年的采购价格和采购数量，确定这一年的杠杆价格。因为定一个价格通常是不准的，定三个价格是靠谱的，所以杠杆价格用三级递进目标来确定。比如0.2规格的线束是1.5元，这个线束属于成本导向型采购物料，价格必须强行递减。底限价格是1.5元，进取价格是1.2元，挑战价格是1.1元，这样就形成了一个杠杆价格，然后将杠杆价格乘上数量，就可以算出可以将0.2规格的线束的成本降到什么水平，跟采购员的业绩挂钩。采购员现在购买这个规格的线束时就会琢磨如何降成本、拿绩效了。

温老师，这三个价格是怎么定出来的？拍脑袋决定的吗？

你先别研究这三个价格合不合理、科不科学，一会儿我再告诉你这三个价格是怎么定的。你看看定了三个价格后采购员的行为有什么变化？任何管理都是为了改善，我们看到他改善了就说明我们的管理成功了。当把这个价格给采购员以后，他开始给供应商打电话，长时间的合作使得他和供应商有着很好的关系，这是一件好事，谈价格这件事有时候关系越好越容易。于是他决定晚上请供应商吃饭，放下自己"甲方"的架子，这就是改善。他们坐在一起吃饭，他开始跟供应商商量："以前0.2规格的线束1.5元的价格不行了。我们公司采用了杠杆控制法进行考核，底限价格是1.5元，进取价格是1.2元，挑战价格是1.1元，跟我的业绩挂钩，不完成肯定不行，咱们得把这个任务完成。"供应商问："完成多少？"采购员说："别1.1元，也别1.2元，咱们1.3元吧。"供应商说："行。"供应商没意见，成本下降了0.2元。也就是说杠杆控制法已经起作用了，如果不用这个方法，可能价格永远是1.5元。任何管理都不会一次性改善到位。我们通过杠杆控制法引导事情向一个好的方向发展。以前某些采购员替供应商干活，现在替我们干活了。当然，我们也知道成本不可能一次就降到位。杠杆控制法是滚动杠杆控制（Rolling Leverage Control），也就是说采购员把价格降到1.3元的时候，新一轮的滚动杠杆价格就会出来。可能是季度性的滚动，这个季度把价格降到1.3元了，下个季度的底限价格是1.3元，进取价格是1.2元，挑战价格是1元。新一轮的考核又到了，他又得跟供应商谈："1.3元的价格不行了，得定到1.2元。"他把价格谈到了1.2元。供应商马上说："那回扣是不是得少点儿？你看我也挣不了多少钱了，是不是？"这位曾经违法、违背职业道德的采购员想，拿这么点钱担那么大的风险，不要了。采购员主动放弃了回扣，因为他觉得既要砍对方的价格，还要人家的回扣，这样是不合理的。采购员不拿供应商的回扣了，在供应商面前就能比较平等地谈判了。

温老师，他以前拿了回扣怎么办？

追回成本很高，这算是合理漏洞（Reasonable Leaking）。以前是以前，财务管理管不到以前的事，财务管理永远是管未来的事情，以前的事都是由纪检和监察来管。

采购降成本奖励就是"赎买"

我们把采购部门引导好了，1.5元的成本变成了1.2元，给公司省下了0.3元，这样一年下来，若项目总生产量为1 000万件给公司降的成本就达到300万元。按照咱们之前的说法应该对采购部门予以奖励，到了年底的时候给采购员发奖金。

可是温老师，会不会有老板觉得控制采购价格是采购员的本职工作，不应该给他们发奖金？遇到这种情况该怎么办呢？

你作为财务部门的主管，之前我们说的杠杆控制法以及奖励采购人员的方法都是你向老板提出的，现在老板因为个人想法不愿意向采购部门兑现了，这个时候你应该主动站出来，去和老板讲道理。

我也不知道怎么说。

你可以跟老板说：公司当时用1.5元的价格采购0.2规格的线束是合适的，只是后来市场发生了变化，原来的价格降了。曾经没有一个降价的机制鼓励与供应商商谈降价，因为我们从来没有跟采购人员讲经济职责。他们现在履行经济职责，给公司创造了价值，给公司省了300万元，拿30万元去奖励他们，公司还赚得270万元。如果不拿30万元出来，就会导致所有采购人员再也不相信公司的制度了，可能会促使采购人员站到公司的对立面，甚至违反职业道德在供应商那里拿回扣。这样给公司造成的经济损失可能远远不止30万元。

还真是这样，有些采购员本来从不拿回扣，现在由于公司的失信，可能一气之下就跑去拿回扣了。

这就是为什么有些老板不懂管理，总是把利益共同体推到自己的对立面。在这种情况下，要说服老板，你要告诉他有个理论叫"帕累托改进"（Pareto Optimality）。帕累托改进有个重要的思想，即公司在某个领域里其实永远不知道改善的空间是多少。比如采购成本，采购价格到底有多大的降价空间，谁也不知道。供应商的价格实际上是一头大象，我们是盲人，我们跟供应商之间谈合作实际上就是盲人摸象。杠杆控制法就告诉采购人员怎么去摸供应商这头大象，一点一点地摸，最后把大象摸清楚了。所以，帕累托改进是渐进式改进，追求的是次优，不是最优。如果追求最优价格，第一付出的成本很大，第二未必得到最优的价格。帕累托是一个经济学家，他告诉你任何事情都可以追求次优。这件事已经完善了99%，你说还差1%，结果你付出80%的力量来完成1%，得不偿失。最优是有代价的，成本很高。所以建议你追求次优。这里有一个非常重要的思想——为了改进，我们要付出。这个付出叫什么？叫"赎买"。刚才我们说采购员拿了回扣，我们为什么还要奖励他，在你没有办法阻止犯错的时候，你知道用什么方法可以让他不犯错吗？就是"收买"他。我给你利益，你不要做损害公司的事情了，这个时候那些拿了回扣的采购员大概率会停止犯错，因为他停止拿回扣以后从公司得到了奖金，同时也卸掉了对自己"良心谴责的包袱"。奖励其实就是"赎买"。比如一件事15万元能办，10万元也能办，如果你不奖励他，他可能就花15万元去办这件事。当你告诉他，要是花10万元把这事办了，你可以奖励他2万元。他明白努努力只需要10万元就可办成，给公司省下5万元，自己还可以得到2万元是件双赢的事，他就会放弃原来那种乱花钱的想法。这就叫帕累托改进。如果你碰到这种老板，你可以跟他讲一讲帕累托改进。

如果讲完以后，他还是不明白怎么办？

那就算了。不是所有科学的、正确的东西都能被接受，不是所有正确的东西在你的企业里都能被运用，没用就放弃。财务人员要学会有所为有所不为。想进步、想有所作为，这是一件好事，但是财务人员也必须要有准备，就是可以不作为。因为作为需要环境的配合，不作为不需要环境配合，你自己放下就行了。

温老师，你讲的这些东西太好了，我们公司就有这些问题。但是学完了以后我就觉得特沮丧，觉得我回去以后解决不了这些问题。

已经认识到公司的问题而且还知道解决之道，那就是学习的成功。回去以后怎么去用这些东西，你要具体问题具体分析，有所为有所不为。

他是如何推动采购降成本的

有个公司的财务总监跟我说，杠杆控制法对他的启发很大。他回去以后就跟采购总监介绍了这个方法，采购总监听了很高兴。以前他们也积极地追求降成本，但是费了很大力气降完以后，好像公司也没有什么说法。采购员的积极性也不是特别高，每次都是采购总监命令他们。现在财务总监给他介绍这个方法，他很愿意在采购部门推进。

他们公司的规模不大，一年才3 000元的采购，所以他们的管理制度比较简单。采购总监采用三级递进目标的方式，根据自己的从业经验，定了底限目标是降成本80万元，进取目标是降成本120万元，挑战目标是降成本200万元。采购员一共就5个，就把目标分下去了。怎么奖励呢？采购总监跟财务总监商量了一个奖励办法。财务总监去和老板商量，老板也痛快，同意给10%的奖励。到年底了，采购部门降成本完成了挑战目标的4倍，将近1 000万元。功劳很大，采购员也非常辛苦，老板毫不犹豫地拿出100万元奖励采购员。

财务总监得了多少奖励？

财务总监一分钱都没有得到。他说："用一个好的方法推动一个部门帮助公司降低成本，老板高兴，采购员高兴，我也高兴。因为我学到的管理工具出成效了，虽然没有奖励，但是我看到了自己的价值，也是一个不错的收获。"我跟他说，精神可嘉，但是也要对自己好一些。你为企业创造了价值，创造价值的人参与价值分享不丢人，以后把财务部门的利益也设计到奖励制度中去。如果财务总监不参与，采购总监自己定降成本的目标和奖励办法，然后拿去跟老板谈是不合适的，这种制度的推动需要像财务总监这样的"第三方"去做，事情做成了，公司是最大的利益得主。这就是成功的"业财融合"。

采购降成本如何建立组织推动

温老师，规模小的企业可能一两个人就能搞定，像我们企业一年的采购费用有几十亿元，一两个人肯定是搞不定的。那么应该怎样去建立组织推动呢？

这个问题很好。组织如何推进这项工作？财务人员实际上是不懂采购的，但是我们需要懂得用目标引导，用利益激励，然后做好过程监控。我们实际操作的时候是这样一个流程。第一步，我们买0.2规格的线束价格是1.5元，让负责采购这个物料的采购员自己定三级递进目标。自己给自己定目标肯定会比较保守，不可能给自己未来的工作制造太大的障碍，所以他会定成底限价格为1.5元，进取价格为1.45元，挑战价格为1.4元。这样的目标其实没什么进取性，更没什么挑战。但是它传递了一个重要的信息，即这个物料的价格是可以降的，只是没有那么大的空间，那就说明我们对这个物料的定位是对的，成本是可以降低的。降价幅度定得越小，采购员的奖励幅度就越小。当然他会说宁可不拿奖励，也不给自己定太大的目标。人之常情，没有关系。第二步就是把采购员的降价方案交给采购经理。采购经理的任务是在采购员的目标的基础上定出一个考核自己的三级递进目标，采购经理的奖金不是采购员替他争取，是他自己挣。采购经理可能会维持采购员的降价幅度，但那就意味着年终采购员有奖金，但采购经理没有奖金。采购经理不能参与采购员的奖金分配，因为这是采购员的贡献，并不是采购经理的贡献。采购经理的贡献是在采购员的目标的基础上完成自己的目标。于是采购经理提出底限价格为1.5元，进取价格为1.3元，挑战价格为1.25元。他一定要在采购员的降价幅度上给自己多留出空间来。采购经理天天跟供应商打交道，采购员也跟供应商打交道，说不定采购员和供应商的关系不怎么样，采购经理跟供应商的关系比较好，所以采购经理定的价格一般更加客观。第三步，当采购经理定完了以后，再把价格送到采购总监手里。采购总监是采购部门的最高领导，也要给自己定目标，他是在采购经理的目标的基础上提出自己的目标。采购总监跟采购经理之间的杠杆价格的价差，就是用来考核采购总监的。采购总监定的底限价格可能是1.5元，进取价格为1.2元，挑战价格为1.15元。第四步，采购部门定完三级递进目标以后，生产、采购、设计、财务、人力资源几个部门一起对采购部门的降成本方案进行评估，哪些目标可以接受，哪些目标不能接受，哪些目标必须重新定。你要记住这是系统的管理推进，千万不要单打独斗，一定要带着人力资源部门、企管部门、纪检部门、审计部门等一起参加。这一方面体现了企业对制度优化的重视，另一方面也会使会议讨论的结果更加有分量，对制度的执行有促进和监督作用。

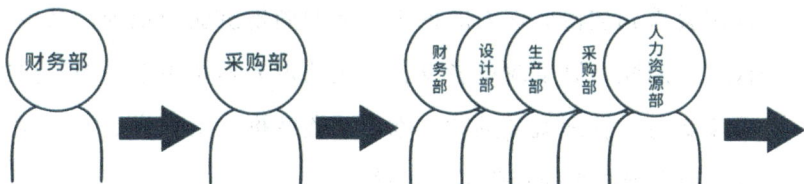

系统的管理推进不可单打独斗

老板参加吗？

我建议老板不参加。老板应该是最终决策的那个人。

老师，杠杆降价逐级加大。职位越高，承担的降价压力越大，我怀疑能否执行下去。因为很多企业老板都是给下属定指标，越定越高，与杠杆目标正好相反。企业给总经理定1 000万元，总经理给采购总监定1 300万元，采购总监给采购经理定1 500万元，采购经理给采购主管定1 800万元，采购主管给采购员定2 000万元，级别越低承担的任务越重。如果反向增压，第一个阻碍的是高管。

没错，这就叫帕金森定律。西方管理学理论中有三个定律，包括墨菲定律、彼得原理、帕金森定律。彼得原理是指组织通常会提拔优秀的员工，一直将其提拔到与其能力不相称的职位。组织授予的权力超过了这个职位的任职者的能力。由于自己无力从事组织要求的工作，该任职者会通过增加更多人手来协助自己履行职责。从而将自己的职责下放给比他能力更低的下属，进而造成人浮于事、效率低下。这就是帕金森定律，层层加码向下下达指标就是这种定律的体现。让矮个子顶天，高个子躺地。逆向杠杆目标法就是有效解决这个病症的一剂猛药，肯定会遭到彼得原理人的抵抗，他们的抵抗能力很强，又位高权重，因此，制度改革者没有一定的定力是做不下去的，只能自建定力。管理就是推动，你不动我就推，推你肯定不高兴，让所有人都高兴的管理是"天堂"。

如何解决采购部门虚抬进价再降价

温老师，我觉得采购部门有一个现象，虽然不是很普遍，但是也有这么做的。采购员故意跟供应商把采购价格谈高然后再降低采购价格，让公司奖励他。实际上他是虚抬价格、虚降成本。遇到这样的事情应该怎么办？

这就好比先放水再排水，先砸玻璃再修窗户。事实上，不仅采购部门会跟供应商虚抬采购价格，设计部门也可以在设计过程中虚抬设计成本，生产部门也可以虚抬生产消耗，费用部门也可以虚抬费用。整个公司都有可能出现"先砸玻璃再修窗户"的事儿，我非常不赞同这个现象，问题是你知道他们这样操控吗？

我不知道，就算知道好像也没有办法。

是的。即使他们这样操控了也没办法去证实，只能想象。但是对比他们把价格操控起来了不往下降和操控起来了往下降，哪个对公司好一些？相对来讲，当然是操控起来了又降下来对公司好一些。这只是个数字问题，对公司的危害是能多骗点儿奖金。

我觉得即使是这样也要罚操控的人。

第一，你不知道他是不是在操控；第二你罚了他，他就不降了，因为成本降下来反而成为他"虚抬价格"的证据了。所以，我要再强调一遍，成本管控和成本削减绝对不可以惩罚，只奖不罚。如果要罚，就罚那个批准的人。比如这支笔实际上花10元就可以买到，但是采购员抬到15元，采购总监直接就批了。在行政上，采购总监被公司赋予权力去判断采购价格的合理性，他有责任也应该有能力去判断，结果他在批准采购价格的时候既没能力也没经验，不停地被手下的采购员欺骗，批完了以后还不承担责任，那肯定不行。再比如招待费其实只需要3万元，销售总监批了8万元，最后业务员节约了5万元，奖励节约的人，但是要惩罚批准8万元的人。

批准的人说我以后不批了怎么办？

不批就是不履行行政职责，是应该被撤职的。

我也不知道批多少合适啊？

那就说明你的能力、从业经验、职业资格不够。一个没有足够能力的人被组织授予超过能力的权力，在公司中会造成彼得效应——能力低下的领导会寻找能力更低下的下属。正所谓"领导者先知先觉，群众者不知不觉"。从你变成领导者的那一天起，必须要先知先觉，不断地学习、提高自己。在企业中，领导者最应该去学习。很多企业的领导喜欢派自己的下属去学习，而自己从来不学习。这就可能出现"群众者先知先觉，领导者不知不觉"。一个"不知不觉"的领导带领"先知先觉"的下属就会导致管理成本不断上升。所以，要削减成本，这个状况必须改变。建立惩罚机制，让公司的设计总监、生产总监、采购总监、人力资源总监等部门负责人做好审查工作，承担起自己的行政职责。

温老师，还有一种情况。采购总监为了让下属得到奖金，故意帮采购员把采购价格抬高，然后再往下降，管理者和被管理者一起弄虚作假。

遇到这种情况时，可以在惩罚制度中规定奖金的20%由采购总监承担。这样就有可能形成有效的制约。有一家公司就建立了这个制度，而且是董事长坚决要求这样做，因为公司的高管往往怕得罪人，什么都批，批了又不承担责任。这个制度建立之后，管理人员可以批，但批了就要承担责任，不管是什么原因，只要奖励了下属，就要按照一定比例扣批准人的奖金。选择哪个供应商、什么价格可以接受，都应该由采购总监批准，而且他要承担批准的责任。有一些公司把这个批准的权力交给财务总监，财务总监以为自己的权力变大了，其实是承担了不该承担的行政职责。我们来看下面的案例。

有一家互联网公司经常拍短视频，5分钟的短视频有人要花100万元，有人要花10万元，到底花多少钱才合理呢？这家公司要求短视频制作费先报财务部批。财务总监既没当过导演，也没制作过视频，所以不知道花多少钱比较合理。因此这个行政职责应该由影视总监承担，他有能力、有资格，同时也有责任对此做出判断，而不是让财务总监来判断。

财务总监的行政职责是向老板建议建立"谁批准就罚谁"的制度，推动各个部门的负责人承担起自己的行政职责，而不是替他们承担行政职责。

温老师有话说

1.真正让企业产品变贵了的主要是设计部门。

2.成本不是靠判断降下来的，而是靠方法降下来的。

3.财务管理不要用惩罚的方式解决公司的管理问题。

4.跨国公司能够做得开花结果的东西，在我们的企业未必能行，未必能搞得好。

5.行业涨价必须通过提高销售价格转移出去成本压力，销售价格必须和采购价格联动。

6.靶向成本法实际上就是先定杠杆目标和杠杆利润。

7.杠杆定价的基本原理是根据上一年的采购价格和采购数量，确定这一年的杠杆价格。

8.任何管理都不会一次性改善到位。

9.公司在某个领域里其实永远不知道改善的空间是多少。

10.追求最优的成本远远大于追求次优的成本，所以建议你追求次优。

11.财务人员实际上是不懂采购的，但是我们需要懂得用目标引导，用利益激励，然后做好过程监控。

12.成本管控和成本削减绝对不可以惩罚，而应只奖不罚。如果要罚，就罚那个批准的人。

第 5 篇

制造环节的
成本削减

袁莲终于引导采购部门实现了成本削减，她帮助采购部门建立的成本削减流程得到了老板、采购部门以及其他部门的一致认可。

当袁莲走进生产车间提出要进行成本削减的时候，生产和运营部门的负责人开始跟她叫苦，认为制造成本都是由设备和工艺决定的，跑冒滴漏早已解决，制造成本已经接近天花板，根本没办法再削减了。到底能不能削减？如何判断？这可让对生产完全不懂的袁莲犯难了。

于是，她带着这些疑问再次找温老师请教。

成本核算中的张冠李戴

老师，制造和生产环节人多，每次让他们削减成本，我就很头疼。他们说："我们有十多年的制造经验，跑冒滴漏也基本解决，物料消耗、能源消耗年年优化，也达到了天花板，该做的都做了，制造环节的成本确实没有削减空间。而且厂房、设备、工艺、用料都是由设计环节决定的，生产成本中有80%是刚性成本，根本没有削减的空间。"

也许他们说的是真的，也许他们说的不对。我们用什么方法可以发现他们说的不对呢？这就是我将要介绍的ABC。

是不是库存管理中的ABC啊？

当然不是。ABC是管理会计里的一个成本核算方法，英文是Activity Based Costing，翻译过来叫作业成本法。管理会计用作业成本法来计算成本，一定程度上是因为财务会计计算的成本不够准确。由于管理会计和财务会计在工作时的侧重点不同，所以财务会计计算的成本可能无法用于管理。下面我们通过一个案例来看一看财务会计计算的成本可能存在什么问题。

红星文具厂是生产圆珠笔的厂家。3月份北京分公司下了5万支笔的订单，南京分公司下了10万支笔的订单。每一支笔的合同价格是4元。圆珠笔是由笔芯、笔杆、笔帽组成的。笔芯的成本是1元，笔杆的成本是0.5元，笔帽的成本是0.3元，每支笔的人工费是0.2元。也就是说，每支笔的直接成本是2元。但生产圆珠笔的厂房、设备的折旧是每个月15万元。现在请你算一下3月份红星文具厂有多少利润。

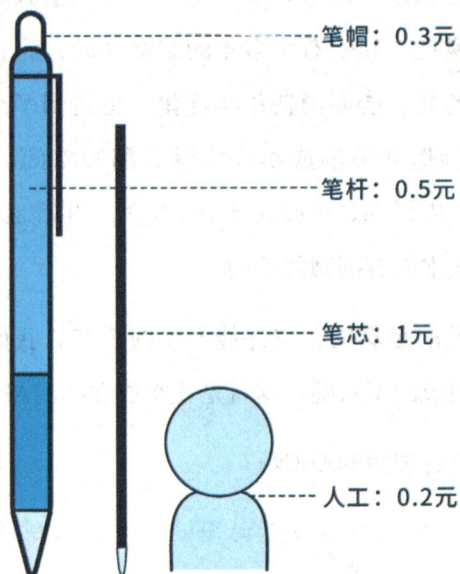

红星文具厂圆珠笔成本

我用一个表格来呈现，如表5-1所示。

表5-1　红星文具厂的利润表

单位：万元

项目	红星文具厂
销售收入	60
减：销售成本	
直接成本	-30
间接成本	-15
营业利润	15

请你再算一下北京分公司和南京分公司各挣了多少钱。

为什么要算它？

对这些分公司进行内部考核。请你再算一下。

这是我的答案，如表5-2所示。

表5-2　红星文具厂各分公司的利润表

单位：万元

项目	红星文具厂	南京分公司	北京分公司
销售收入	60	40	20
减：销售成本			
直接成本	-30	-20	-10
间接成本	-15	-10	-5
营业利润	15	10	5

我觉得有点怪怪的，谁下的订单多，谁承担的折旧（公共成本）就多，不下订单就不承担折旧（公共成本），不干活就没有责任？

是有点怪。下面情形变了，南京分公司取消了10万支笔的订单，现在只有北京分公司交货，你再算一下北京分公司现在的利润是多少。

只有北京分公司交货的情况下，北京分公司的利润如表5-3所示。

表5-3　红星文具厂北京分公司的利润表

单位：万元

项目	红星文具厂	南京分公司	北京分公司
销售收入	60	0	20
减：销售成本			
直接成本	-30	0	-10
间接成本	-15	0	-15
营业利润	15	0	-5

按照你计算的结果，南京分公司取消订单以后，北京分公司不挣钱还亏了5万元。北京分公司的总经理就来找会计了，说："以前我下5万支笔的订单能赚5万元，这次怎么赔了5万元，你算错账了吧？"会计说："怎么会错了呢，我给你查查。"北京分公司的销售收入没变，间接成本变了。原来南京分公司下了10万支笔的订单，后来南京分公司取消了订单，所以现在只能把公共成本算在北京分公司的头上。于是，会计跟北京分公司的总经理说："以前是南京分公司和北京分公司一起下订单，两个公司分摊公共成本，现在南京分公司把订单取消了，公共成本就全算给北京分公司，所以就亏损了。"会计说得对不对？

对啊。

假如你是北京分公司的总经理，你会怎么想？南京分公司取消订单，凭什么考核你，扣你的奖金？你是不是也有这样的疑问？

是。公共成本全分给北京分公司不对，全分给南京分公司也不对，应该不管订单多少，都在两个分公司之间平均分配。

南京分公司的业务规模比北京分公司大10倍，平均分摊公共成本也不对啊。那么这种情况到底该如何核算呢？

会计在什么情况下会拒绝算账

我们前面讲到南京分公司的规模比北京分公司的规模大，所以平均分摊公共成本也不对。问题出在什么地方呢？南京分公司和北京分公司分别计算它们的利润，所以肯定应该对它们实施内部考核，这是管理的要求。那么谁有能力来计算这个利润？人力资源部门有能力吗？

人力资源部门负责考核就应该负责计算。

错啦！人力资源部门负责考核公司的行政职责的履行，经济职责的履行是由财务部门负责考核，所以财务部门必须计算内部利润用于考核。那财务部门中谁来完成内部考核的利润计算呢？人们会立刻想到会计，会计也毫不犹豫、义不容辞地开始计算，就像你在表5-1、表5-2和表5-3那样计算。但是，计算完了以后会计自己也不相信，也经不住业务部门的挑战。我们在上一节的计算中犯了一个会计基本假设的错误。当我要求给北京分公司和南京分公司分别计算利润的时候，你直接就开始计算了，你应该拒绝计算！因为这违背了会计的四大基本假设中的第一个假设——会计主体假设。红星文具厂是一个独立的会计主体，你计算利润是符合这个假设条件的。当你给南京分公司和北京分公司分别计算利润的时候，这个假设条件已经不成立了，因为这两个分公司都不是独立的会计主体，不可以给它们计算利润。所以财务会计的工作到此结束，不能往下算了，再往下算就错了。可是你在计算的时候并没有意识到这个问题。这四大基本假设条件如果不成立，就没有会计的基础了。四大基本假设是什么你还记得吗？

第一个就是会计主体假设，第二个是持续经营假设，第三个是会计期间假设，第四个是货币计量假设。

没错，这四大基本假设缺一个都没办法进行会计核算。你在学会计的时候，老师只是告诉你会计有四大基本假设，可能没有告诉你为什么这么假设、不符合这个假设会怎么样。你在上一节的计算显然违背了第一个假设，所以会计计算基础不成立。会计拒绝工作，结果老板就找来了，说："你不计算我就开除你，我需要弄清楚南京分公司、北京分公司的利润是多少，因为我要考核他们。"管理有需求，财务会计满足不了怎么办？于是，另一门学科就出来了。这个学科就是管理会计，也就是为管理者算账的会计。管理会计师怎么计算南京分公司、北京分公司的利润呢？他用的就是ABC。

会计的四大基本假设

ABC——谁家的孩子谁抱走

ABC实际上就是用来解决公共成本如何在不同的部门和不同的产品之间进行合理分摊的问题。它的分配原则就是谁家的孩子谁抱走，别人家的孩子你不能抱。要想做到这个，你就必须要知道公共成本的构成是什么，是哪些作业产生了公共成本。红星文具厂的公共成本是由这样一些作业形成的，如表5-4所示。

表5-4　红星文具厂公共成本构成

单位：元

作业名称	间接费用
采购作业	20 000
仓储作业	10 000
笔杆制作	20 000
笔芯制作	35 000
组装作业	10 000

续表

作业名称	间接费用
包装作业	10 000
闲置作业	35 000
合计	14 000 0

这些公共成本都是为不同的部门、不同的产品服务而产生的。其中，闲置作业35 000元是指虽发生但各作业中心未计入的成本消耗，属于闲置成本。怎么把非闲置作业合理地分配出去？我们需要找到每一个公共作业的成本动因（Cost Driver）。什么是成本动因？就是使公共成本分配比较靠谱的依据。我们确认下面这些成本动因在作业中进行分配是可靠的，如表5-5所示。

表5-5　红星文具厂公共作业的成本动因

单位：元

作业名称	间接费用	成本动因
采购作业	20 000	批量
仓储作业	10 000	重量
笔杆制作	20 000	设备运行小时
笔芯制作	35 000	设备运行小时
组装作业	10 000	产量
包装作业	10 000	产量
合计	105 000	

我们需要对不同的作业进行动因量统计。财务会计的账上是不做这些记录的，这是非货币记录，所以管理会计就要在生产系统中建一个动因量统计台账。现在大多数企业都有ERP系统，在系统中做扩展记录也比较容易，而且每个月都在记录。我们把9月份的动因量统计展示给大家看，如表5-6所示。

表5-6　红星文具厂公共作业9月份的动因量

作业名称	间接费用	成本动因	甲产品	乙产品	合计
采购作业	20 000元	批量	2批	8批	10批
仓储作业	10 000元	重量	40吨	70吨	110吨
笔杆制作	20 000元	设备运行小时	88小时	182小时	270小时
笔芯制作	35 000元	设备运行小时	61小时	175小时	236小时
组装作业	10 000元	产量	5万支	10万支	15万支
包装作业	10 000元	产量	5万支	10万支	15万支
合计	105 000元				

我们现在可以计算单位动因成本。

单位动因成本=公共成本÷动因量

计算结果如表5-7所示。

表5-7　红星文具厂公共作业单位动因成本

作业名称	间接费用	成本动因	动因量	单位动因成本
采购作业	20 000元	批量	10批	2000.00元
仓储作业	10 000元	重量	110吨	90.90元
笔杆制作	20 000元	设备运行小时	270小时	74.07元
笔芯制作	35 000元	设备运行小时	236小时	148.30元
组装作业	10 000元	产量	15万支	667.00元
包装作业	10 000元	产量	15万支	667.00元
合计	105 000元			

接下来我们可以计算每种产品应该承担的公共成本，如表5-8所示。

表5-8　红星文具厂每种产品应该承担的公共成本

单位：元

作业名称	间接费用	单位动因成本	甲产品	乙产品
采购作业	20 000	2000.00	4 000	16 000
仓储作业	10 000	90.90	3 636	6 364
笔杆制作	20 000	74.07	6 512	13 488
笔芯制作	35 000	148.30	9 028	25 972
组装作业	10 000	667.00	3 335	6 665
包装作业	10 000	667.00	3 335	6 665
合计	105 000	3647.27	29 846	75 154

这种把公共成本分配出去的方法就叫ABC。我觉得"作业成本法"不太准确，就叫ABC挺好。一说ABC，懂行的人就懂了，不用解释。

闲置成本是如何露出水面的

你现在明白ABC的核算方法了吧？

好像还是有一点不明白。

我再给你讲一个案例。

某药厂投入3 000万元对原来5 000平方米的针剂车间进行了GMP（药品生产管理规范）改造，每个月车间折旧32万元。某针剂生产线于当月搬进新车间，占用1 500平方米，其余处于暂时闲置状态，请问某针剂生产线应承担多少折旧？第一个选项是32万元；第二个选项是 $32 \div 0.5 \times 0.15 = 9.6$ 万元；第三个选项是不承担。请问你选择哪一个选项？

如果是财务会计，毫无疑问，他会选择32万元。

这样选择的理由可能是5 000平方米的车间已竣工验收并交付使用，所以必须计提折旧，这个折旧谁搬进来谁承担，所以就是某针剂生产线全部承担。

某针剂生产线只使用了1 500平方米，为什么把所有的折旧都算在它的头上呢？

财务会计很容易回答：你看看这车间里除了某针剂生产线还有别的吗？如果有别的，就跟它们一起分，问题是没有别的了，所以这个折旧就应该全部算在某针剂生产线的头上。

都算在某针剂生产线的头上，某针剂的成本不就上升了吗？

财务会计会说：算在谁的头上成本都会上升。算在某针剂生产线的头上并不意味着这是某针剂生产线造成的。算在某针剂生产线头上的目的是把某针剂生产线作为一个被减掉的数，从产品的销售收入中扣除，最后算出利润。算在谁的头上最后都得被减掉，所以无所谓。财务会计说得对还是不对？

好像不对。

当然是对的。因为财务会计的任务是计算经营结果，计算的过程并不讲究，成本费用不太清楚，公共成本也分得不太清楚。在财务会计看来，可能没必要把这些东西分清楚，早减迟减最后都要减。大部分财务会计都是这样，因为只要计算的经营结果是真实可靠的就可以了。所以，财务会计把折旧算在某针剂生产线的头上也没有什么错误。当然有些财务会计也会觉得不合适，这样计算会让某针剂的成本不真实，于是只让某针剂生产线承担1 500平方米的折旧，其他的计算到管理费用里。这么做对吗？

这样做好像比刚才那样做合理些。

但是车间折旧不属于管理费用，属于成本要素，所以这样做又混淆了成本和费用。这就让成本不真实了，让费用也不真实了，全乱套了。

是全乱套了。

剪不断理还乱，管理会计说还是我来弄吧。管理会计说某针剂生产线只能承担9.6万元的折旧，也就是第二个答案。那剩下的折旧还提不提？管理会计说提啊。财务会计一定会问借什么贷什么？会计科目是哪个啊？管理会计不管财务会计的事儿，要把剩下的那部分折旧放在"闲置成本"（Idle Cost）里。财务会计里没有"闲置成本"这个会计科目，财务报告里也没有"闲置成本"项目，但是公司里有闲置成本，而且非常需要报告出来。所以，我们一般把"闲置成本"放在管理会计报告里。这就是ABC的功劳。我们发现在公司里不仅有闲置的场所，还有闲置的设备、员工、物料。这些东西以前都被藏起来了，现在管理会计把它们都展示出来了，把它们进行价值换算之后，结果把老板吓到了，原来有这么多的东西只消耗成本不创造价值。

我们集团下面的公司这方面的问题很严重，只是没有人用货币表现出来。如果这样表现出来肯定很吓人。

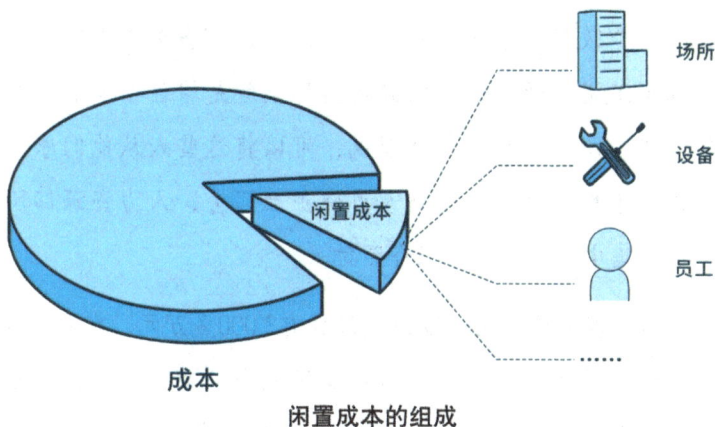

闲置成本的组成

闲置成本的有效处理器——ABM

闲置成本的问题在制造、运营环节普遍存在，要怎么解决呢？我们把清理闲置成本的过程叫作ABM，英文叫Activity Based Management。ABM分三个方向：第一个方向是定出时间表、任务书，让那些闲置的东西尽快地被利用起来并创造价值；第二个方向是把那些暂时无法创造价值，但是将来还有用处的东西的消耗降到最低水平；第三个方向是把现在无法利用，将来也没有什么价值的东西尽快剔除，剔除得越快，成本下降得就越多。

我们公司曾经收购了一家药厂。这家公司由于历史的问题存在严重的人浮于事。新来的总经理准备做的第一件事情就是辞退多余的员工，因为这些人完全在消耗成本，并没有创造价值。辞退这些人以后，每年可以给公司省下四五十万元的工资。这个政策后来被我制止了，因为这20多个工人家里就靠他们那点工资生活，把他们辞退实际上就是堵住了他们每个家庭的活路。所以，我跟总经理说，可以将这些人从他们原来的工作岗位上撤下来，都转到人力资源部门去，人力资源部门可以把他们集中起来培训，工资照付。

后来我发现公司逾期应收账款有3 000多万元，有的欠款已经拖了三五年了。为此，公司成立了一个"清欠办"，有三四个人，天天去找人家收账，但是基本上都没收成功。然后，我跟总经理说把下岗的20多个工人分成小组去收账，收回来了以后提成25%。因为如果我们跟欠账公司打官司，律师费也是25%。

工人去收账和会计去收账完全不一样。过去会计去收账，坐着卧铺，到当地住宾馆，然后找到客户收账，客户说没钱，会计回来说客户没钱，所以等于会计花了一大堆的差旅费一分钱都没有收回来。工人一听说外面有很多人欠公司很多钱，就很生气，说我们公司现在连工资都快发不出来了，我们都快下岗了，别的公司还欠公司那么多钱。他们去收账就理直气壮！关键是收回来以后他们还可以拿到25%的提成。

于是，工人带个小板凳就上火车了。到了客户那儿收账，客户还是说没钱，他们就跟客户的领导说：我们现在已经下岗了，我们现在的工资就靠你们公司的还款，你们要是不给钱，我们连饭钱都没有了。客户的领导一听：算了吧，让他们拿钱走吧！几个月的时间，逾期欠款收回了1 200多万元，25%的提成将近300万元，这20多个工人分了，高兴坏了，还问还有哪家公司欠钱不还，他们还去收账。

这就是ABM的效果！你以为他们没有价值，以为他们天天在消耗价值而不创造价值，那不是他们的原因，只要给他们找到创造价值的路，他们完全可以创造价值。管理就是给别人找到活路，不是给别人指条死路。ABM就是给那些闲置成本找到创造价值的活路。

ABM 用数据论成效

我们集团下面的汽车公司的生产和运营部门搞精益生产，花了好多钱跟人家学精益生产，在公司里又花好多钱去实施，最后发现制造成本不但没有降低，反而上升了。

这主要是因为管理会计没有参与。如果管理会计参与了，就要给他们算账并给他们指明哪些地方要搞精益生产。如果闲置成本不但没有降低反而上升，那就说明精益生产的效果不理想。ABM是骗不了人的，因为必须拿数字说话，数字是无法编造的。拿数据说话就是财务管理的可取之处。为了让生产和运营部门能够积极、有效地降低闲置成本，我们同样需要建立制度推动。前面我们说了，制度推动要做四件事情，其中第一件事就是目标引导。我们通过ABC来发现公司中存在的闲置成本，给生产和运营部门定一个降低闲置成本的目标。这个目标同样采用三级递进目标的方式呈现，如表5-9所示。在这些目标的引导下，生产和运营部门要拿出具体的实施方案以及时间表。我们要进行过程跟踪，对结果进行评价，生产和运营部门是不是真正降低了闲置成本。当其完成目标后，我们就要给予奖励。

表5-9　生产和运营部门降低闲置成本的三级递进目标

单位：元

加工成本项目	降低成本考核指标		
	底限目标	进取目标	挑战目标
闲置人工	120	200	270
闲置设备	60	70	120
闲置物料	430	650	970
闲置场所	720	1 300	1 400
合计	1 330	2 220	2 760

有了目标之后，他们就会把这件事当成一个任务来完成，这就是目标的好处。没有目标，他们就没有动力、没有必要的压力。

我们在一家生产塑钢材料的公司实施了ABM，通过ABC核算发现了一些闲置成本。过去生产和运营部门并不注意这些事，现在他们必须下功夫来清除这些闲置成本。车间开始了一轮减员，他们主动提出叉车工不需要了，维修工不需要了。以前设备坏了等着维修工来修理，其实自己就能修。原料没有了，让领料员和叉车工去仓库领。现在车间说领料员和叉车工都不需要了，自己直接开叉车去领料。

慢慢地，他们发现闲置人工比我们计算的还多，因为他们在一线生产，知道哪些人闲着。以前那么多人闲着，还喊着人手不够需要加人。现在告诉他们要清除闲置人工，人工成本下降了就可以得到奖励，他们怎么会没有积极性呢？

生产车间主任和技术人员开始加班加点地调试设备、调整工艺，想办法降低材料消耗。经过两个星期的试验，终于让材料消耗下降1%。以前也可以做这个工作，但是他们懒得做，因为调整工艺降低消耗有可能会影响产品品质，需要进行试验。白天生产设备、生产线在运转不能做试验，必须等工人下班以后来做这件事情，所以生产车间主任和技术人员都得晚上做试验。俗话说"无利不起早"，无利也不加班。加班加点地干活还没有加班费，白辛苦白受累还冒着风险，谁愿意干这事儿啊？现在既有任务压着，又可以给大家带来好处，所以他们就把这些事情做了，降低了产品中的闲置消耗。这不就是我们搞成本管控想得到的结果吗？

还有一家公司的汽车队天天忙着搞运输，哪管汽车队里有什么闲置消耗呢？我们也给他们布置了清理闲置消耗的任务。

在任务的引导下，汽车队开始清理闲置消耗。公司每年都有已经报废的汽车放在院子里，没用了也不去办理报废手续，每年还正常交各种税费。办事的人根本就不管哪些车在运营，哪些车根本就没有运营。现在他们主动清除了那些闲置的车辆，主动去办理报废手续，把那些报废的车都处理了。这就是ABM中的消耗剔除。当然，我们得奖励他们。

从上面的案例中我们可以看出，在生产和运营部门清理闲置消耗就是成本削减。我们现在把闲置成本、闲置消耗降低了，谁会有意见呢？客户有意见吗？客户说：这跟我有什么关系，你们清理公司内部的闲置消耗与我无关。供应商有意见吗？供应商说：与我也无关。员工有意见吗？闲置的员工心里会有意见，但从工作任务来讲，我们给闲置的员工找到了新的有价值的工作，就跟我们在本篇第五节提到的要债的员工一样。股东有意见吗？股东说：你们降低了成本，提高了利润，增加了投资回报，我求之不得呢。所以，ABC引发的ABM可以有效地降低生产环节的成本，同时不损害利益共同体的利益。这是一件你好、我好、大家好的事，何乐而不为呢？

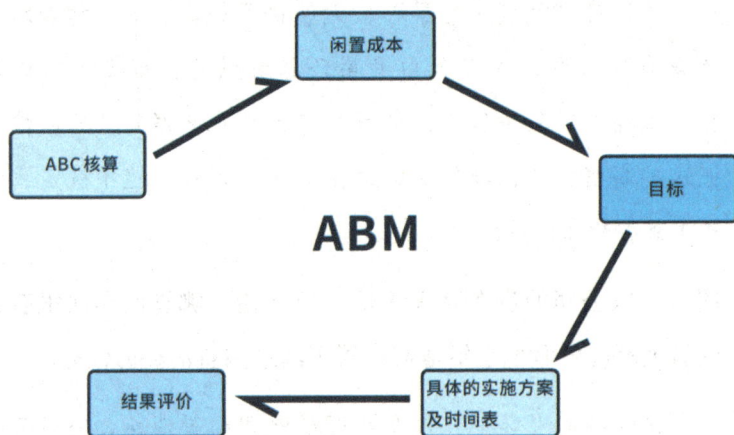

由ABC引发的ABM

温老师有话说

1.人力资源部门负责考核公司的行政职责的履行，经济职责的履行是由财务部门负责考核。

2.ABC的分配原则就是谁家的孩子谁抱走，别人家的孩子你不能抱。

3.ABM就是给那些闲置成本找到创造价值的活路。

4.拿数据说话就是财务管理的可取之处。

第6篇

营销费用的管控

在温老师的指导下，袁莲运用ABC找到了公司制造环节的闲置成本，又运用ABM对闲置成本做了有效处理，实现了制造环节的成本削减。她刚整理完制造环节成本削减的资料，老板就找来了。老板说："袁莲，最近设计部门、采购部门、制造部门的成本削减效果不错，你的贡献很大！"得到老板的肯定和表扬，袁莲心中窃喜，刚想谦虚几句，老板又接着说道："但是，咱们公司有个特别能花钱的部门，你得想办法帮他们削减成本。"袁莲一琢磨就知道老板说的是营销部门，但是营销部门可不是谁都敢动的。

袁莲这一次直接就给温老师打电话了："温老师，我们老板又让我对营销部门进行成本削减，我该怎么做啊？"

温老师听了之后，爽朗地笑了起来，说道："你周末来找我，我们再讲讲营销部门该用什么办法、什么工具进行成本削减。"

营销费用管控的"投鼠忌器"

老师，前面跟您学习了设计成本、采购成本、生产成本的削减方法，我们公司还有这样的部门，他们一不设计产品，二不采购原料，三不制造产品，但是他们会花很多钱，就是营销部门。如果我们说他们花钱太多，他们会说他们挣得也多，如果削减他们的费用，他们就用完不成销售目标来威胁公司。营销部门应该花多少钱合适，真不好掌握。

营销部门是把产品变成商品的部门。产品变不成商品，成本就永远变不成利润，前面做的所有工作都是白做。营销非常重要，营销部门是公司显山露水的部门。公司就相当于一支足球队，有前锋、中锋、后卫、守门员。营销部门就是前锋，他们的任务就是把球踢到对方的门里去。中锋、后卫、守门员负责把球传给前锋，所以前锋球员"显山露水"，一旦进球就觉得自己很厉害，进不了球就指责别人。这就是一些营销部门的表现，业绩做好了说自己能力强，业绩要是做不好，就说公司技术落后、东西太贵、质量不过关，应该多投入一些营销费用。

但多少合适呢？没有统一的标准，卖的产品不一样，营销费用就会不一样。那么，财务人员怎么评价、管控营销费用呢？我们看一个案例。

某移动通信公司2010年营销费用为6.0亿元，其中电视广告费用为2.5亿元，广告牌费用为0.6亿元，网点费用为1.2亿元，客户热线服务费用为1.1亿元，VIP服务费用为0.6亿元。请问该公司的营销费用是否符合公司的经营特点？

移动通信显然是一个服务行业，为消费者提供服务，服务得越好，消费者满意度越高，生意就越好。服务得好不好跟服务的投入有很大的关系。花的钱越多，产品功能就越充分，价值也就越高。那么这家公司一年花6.0亿元的营销费用合理吗？电视广告该不该做？广告牌该不该竖？网点该不该设立？客户热线服务和VIP服务该不该提供？这些都是非常有价值的事，所以这个钱该花。但是，在首都机场人口竖一块广告牌花了300多万元，对还是不对？是不是只需要100万元？营销部门说不清楚，你也说不清楚。管理最怕的是你说不清楚，我也说不清楚。如果你说营销费用花多了，他们就会说业绩还提高了。如果营销费用花了很多，业绩却没有提高，他们可能会说是钱不够，应该再多给一点营销费用。所以很多企业在管控营销费用的时候是"投鼠忌器"。营销费用管严了，怕业绩掉下来；不管控，营销费用好像是个无底洞。但是，财务人员跟营销人员讨论广告牌该不该竖、花多少钱合适，永远说服不了营销人员，因为财务人员不懂营销，以非专业的身份跟专业的人讨论专业的事，不可能说得明白。那怎么办呢？我们不讨论营销专业的问题，我们讨论管理的问题。讨论管理问题只要方法对了，就能发现问题。就像之前我们跟设计部门说他们的设计有问题，他们不服，后来我们用成本功能价值评价法和他们讲道理，他们就服了，他们也接受、认同了。很多事不在于你懂不懂，只要方法对了，工具用对了，你就可以和专业的人探讨了。案例中的这家移动通信公司一年花6.0亿元的营销费用，到底应不应该？我们可以用价值流向评价法（Value Oriented Assessment）来进行评价。

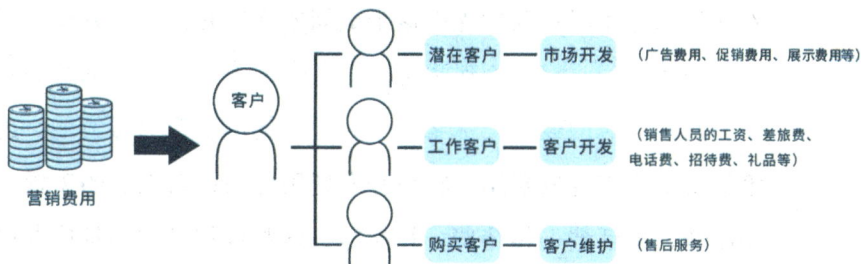

营销费用的管控利器——流向管控法

营销费用的管控利器——流向管控法

我们在第2篇讲寻找成本削减的空间时说过，花钱要么传递功能要么传递价值，既不传递功能又不传递价值，那这钱就浪费了。营销部门的营销费用显然是传递价值的。这个钱花完以后值不值得？如果让营销部门自己判断，每一分花的钱都是值得的，非常有效。但是我们从营销的流向上来判断，一定要站在市场和客户的角度，因为他们是价值体验者。营销费用的价值一定要流向客户，如果流向其他部门或其他人，这钱就花得不值。客户流向通常分为三类：一是潜在客户（Marketing

Platform），二是工作客户（Working　Platform），三是购买客户（Buy Platform）。我们把花在潜在客户身上的钱叫市场开发费用，也就是我们常说的市场费用，包括广告费用、促销费用、展示费用等。它的价值就在于让不知道我们的客户知道我们。如果钱花完了以后，不知道我们的客户还是不知道，不就意味着钱打水漂了吗？我们先把这个疑问放在这儿。工作客户就是已经知道我们，但正在犹豫是选择我们还是选择我们的竞争对手的客户，这时候我们需要花一笔钱让他们决定选择我们，这笔钱就是客户开发费用。客户开发费用包括销售人员的工资、差旅费、电话费、招待费、礼品等。这些钱都是指向具体客户的，也就是我们平时说的销售费用。客户原来还犹豫是选择我们还是选择我们的竞争对手，我们花了很多销售费用，十个客户有九个还是坚定地选择了我们的竞争对手，这说明我们的销售费用打了水漂。另外，还有客户维护费用，指的是客户已经买了我们的产品，现在最在乎的是产品质量、技术支持、售后服务。我们不能保证产品质量百分之百没问题，我们花这些钱的目的是让客户知道购买了我们的产品，只要出现问题，我们百分之百地在第一时间帮他们维修。实际上就是让那些已经购买我们的产品的客户以后继续购买，即使我们的产品有一些小问题。我们希望不要因为一点小事儿影响以后的合作，这就是售后服务。售后服务也是需要很多成本投入的。问题来了，我们确实花了很多客户维护费用，但十个客户有八个不满意，毅然决定不再选择我们，这就意味着我们花的客户维护费用打水漂了。我们沿着这个思路，对前文中移动通信公司花的6.0亿元营销费用进行价值流向评价，看看该费用有没有问题。我们把该营销费用进行三个价值流向的归类，如表6-1所示。

表6-1 某移动通信公司营销费用价值流向归类表

	成本开支	客户价值
市场开发	3.1亿元	
客户开发	1.2亿元	
客户维护	1.7亿元	
合计	6.0亿元	

你现在能看出哪个地方的支出是有问题的吗？

我看不出来。

看不出来是因为你还有一个重要的工作没做，就是客户价值评价。我们要问客户觉得我们哪个地方花的钱让他感受最深，对他帮助最大。一般来说，我们不要自己去做这个工作，要找第三方机构，让专业的市场调查公司去做。采用十分制的方法，在客户群里随机抽样进行打分，然后进行总结，客户价值就出来了。有些时候，你不需要第三方机构调查也能看出价值。

有一家公司每个月花几十万元做杂志，并免费寄给客户，公司所有人都觉得挺好，他们认为这是一项非常好的售后服务。真的是这样吗？有一次，这家公司开了一个论坛，在每个客户的座位上都放了一本杂志。会议结束后，90%的杂志留在原地，没有人带走，客户连看都不看或者只是翻了翻。这本杂志的市场价值就体现出来了。自己认为是一项非常好的售后服务，结果客户根本没体会到价值，每个月几十万元就打了水漂。

当然，大部分公司是不能像案例中的这家公司一样，通过开论坛后发现免费赠送杂志是否有价值。在这种情况下，我们就采用十分制进行客户价值评价。前面提到的移动通信公司的营销费用的客户价值评价，如表6-2所示。

表6-2　移动通信公司营销费用的客户价值评价表

	成本开支	客户价值
市场开发	3.1亿元	1分
客户开发	1.2亿元	4分
客户维护	1.7亿元	5分
合计	6.0亿元	10分

通过表6-2我们可以看出，移动通信公司6.0亿元的营销费用有价值错位。市场开发费用为3.1亿元，超过营销费用的50%，但实际上向客户传递的价值只有1分，也就是10%。通过表6-2我们可以得出，客户会选择这家移动通信公司主要不是因为看了广告、促销，而是因为营销人员的推介和客户维护非常到位。所以，这家移动通信公司的客户价值并不在市场开发上，但其在市场开发上花了超过营销费用50%的钱，这部分费用就出现了价值错位。

徐工徐工，未必成功

我们再举一个例子。过去有一个广告的广告词是"徐工徐工，助您成功"，这个广告在很多电视台同时播出，预计广告费为几千万元。但是，该公司花几千万元说了一句价值不大的话，很多人看完广告之后都一脸疑惑："徐工"是谁呀？你知道吗？

这大概是个学校吧，一个工学院？从名字看也有可能是个姓徐的工程师。

别的公司打广告都是为了提高公司的美誉度、知名度，这家公司却是打谜语！你再猜猜这"徐工程师"是做什么的？

从广告词上看可能是位咨询工程师。

其实这个"徐工"叫徐州工程机械集团有限公司，位于徐州，是工程机械行业规模很大、产品品种与系列非常齐全、非常具有竞争力和影响力的大型企业集团之一。一个工程机械公司采用快速消费品的营销方式去打广告，效果可想而知。大部分人可能永远不会用到专业的工程机械，所以大部分人对于这家公司来说属于无价值客户。但是该公司却花了很多钱面向这些无价值客户进行营销推广，这就属于典型的市场开发费用价值错位。

很真实，一个卖特种设备的公司实际上有它特定的客户群，用快速消费品的营销方式打广告，肯定不能挖掘出多大的市场价值。

脑白金成功的秘诀

对于徐工来说，花大量营销费用在电视台做广告是价值错位，但是如果我们换一个产品，它就都是对的，如脑白金。脑白金的广告词是"送礼就送脑白金"，可是谁是送礼的人，我们无法锁定，只能满世界地做广告，在消费者脑子里形成一个印象：送礼就要送脑白金。品牌的营销思路可能是想表达它既不是药品，也不是食品，而是礼品。所以该公司花大量的广告费去推广，因为它的客户群是广阔的。许多人特别容易跟着广告走，送礼的时候也没想好要送什么，广告上说"送礼就送脑白金"，然后他就去买脑白金送给父母。父母一看是脑白金，好！其实他们也没吃过，也不知道好不好，但是电视广告上说好，他们就认为好。这就是宣传的效应，也就是广告的效应。现在很多企业做快速消费品，经常做不起来，原因就在于其忽视了广告宣传。

我们集团下面的一个饮品公司为了提高销量，给经销商增加返利点，多给经销商几千万元，但是最后销量还是没有提高。现在看来，这笔钱可能就是价值错位。

经销商不是最终客户，最终客户愿意选择你的产品，产品销量才能提高。所以，很多大众消费品的销量都是靠投广告费提起来的。**快速消费品就有这个特点，需要进行大量的广告宣传。**对于脑白金这类快速消费品来说，市场开发费用和市场价值流向是一致的。

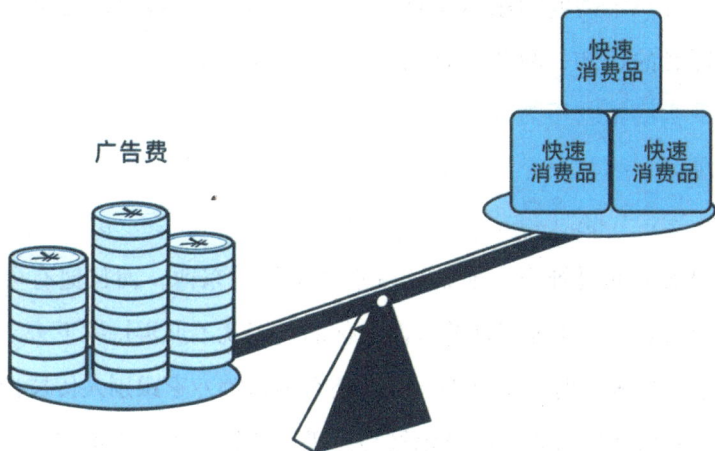

快速消费品需要进行大量的广告宣传

管理者为什么赶走"营销专家"

我在一个演讲视频中看到了一位管理者遇到的事情。

公司请了一位营销专家给员工上课,讲如何进行营销。管理者说:"我听了5分钟,非常生气,就把这个营销专家赶走了。"因为这个营销专家讲,好的营销就是能把梳子卖给和尚,这和尚还一直买你的梳子。管理者认为,和尚本来就不需要梳子,把产品卖给那些不需要这个产品的人,这是骗术,而不是营销。

这当然不是营销!营销把东西卖给客户一定是一种价值传递。客户需要这个东西,我们满足他的需求,客户愿意为满足自己的需求而付出,愿意为这个东西掏钱,这才是真正的营销。你把客户不需要的东西卖给客户，这是在坑害客户。这是这位管理者的认知，我非常赞同！**从成本管控的角度上来看，你把产品卖给根本不需要的客户，营销的难度要比卖给需要的客户大多了。搞定一个不需要你的产品的客户的营销费用会远远高出正常的销售费用，而且这个成本随时有可能变成沉没成本。**客户哪天回过神来，他就再也不会买你的东西，而且他有可能还会告诉别人不要买你的东西，你的营销就不能再持续下去了。骗子只能骗一时，不能骗一世。还有的营销专家跟别人传授把冰箱卖给因纽特人需要的营销技巧。需要冰箱的地方你不去，你到因纽特人居住的地方，做大量的广告、促销，让他们买你的冰箱。因纽特人说，你有病啊，我就住在"冰箱"里呢。你说这样营销，费用是不是都得打水漂？这就是典型的价值流向错误呀！

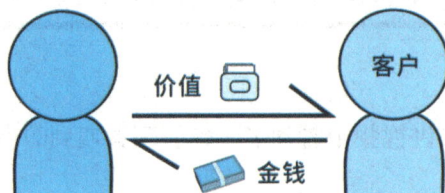

营销把东西卖给客户是一种价值传递

王石一招擦亮万科金牌物业

老师，我们集团下面有个房地产公司，每个项目都会花很多营销费用，如建样板房、打广告、请明星捧场，搞得很热闹，花很多钱。我们也不知道这些钱该不该花，花了之后效果好不好。

万科最早的时候也花费大笔的营销费用推广楼盘，广告、促销、展示花了很多钱。有一次，王石想知道花这些钱的效果怎么样，他就让售楼部统计来看楼盘的客户都是通过什么渠道知道这个楼盘的。统计结果表明，80%来看楼盘的客户都是现有业主的亲戚、朋友、同学。王石马上意识到以前在广告、促销、展示上花的钱有80%都打了水漂，因为客户根本就不是通过这些途径了解到万科楼盘的，价值流向出现了错误。王石果断决定大幅减少广告费用，增加客户维护费用。万科不但不在已经购买楼盘的业主身上赚物业费，还在物业服务上加大投入，提高对现有业主的物业服务水平。2019中国房地产服务品牌排行榜显示，在2019中国物业服务专业化运营领先品牌企业中，万科物业排第一。万科物业已经成为万科的金字招牌。因为这块金字招牌，只要是万科开发的楼盘，同一个位置总是要比别的楼盘每平方米贵1 000元左右。这就是加大物业服务投入的回报。万科物业服务确实是一流的，处处体现着以人为本。很多女士去逛商场大包小包地买了一堆东西，开着车回家了，从停车场到家还有好几百米，那么多东西拎不动，正在发愁呢，万科物业的保安过来了，帮女士拿东西，一直送到家门口。下大雨了，你忘了带伞，从车里下来冒着雨准备冲回家，结果保安来了，拿着一把雨伞一直送你到家门口。这样的服务肯定让人感到高兴！这就是客户价值。这可能会增加一点成本，但是产生的价值是无限的，是一定会有回报的。这种营销费用流向的调整使万科每花一笔钱都会对营销产生积极作用。所以，只要你用对了方法和工具，即使你没干过销售，也可以对花出去的营销费用做出恰当的评价。

温老师，营销部门在公司里很重要，和他们沟通可能会有一定的难度。

这是行政管控的问题。行政管控需要的是行政权力，成本管控需要通过制度的建立来推动。营销费用有这样的问题，其他费用可能也有类似的问题。所以在制度设计中要防止所有费用开支上的错位，也就是要进行全面预算管理。预算就是从源头堵住那些不合理的开支。它就像水龙头，只要把水龙头关了，别人想浪费水也不可能。只要预算给了钱，再跟他们说能不花就不花、能少花就少花，这都是废话。这就跟水龙头开着，还告诉别人不要浪费是一个道理。在营销费用的预算上，我们就要把控营销费用的价值流向，不符合经营模式的开支必须砍掉。我们再来看前面提到的移动通信公司用3.1亿元去开发市场，而开发来的客户只占10%，这是个严重的价值流向错位，我们应从预算上就取消这3.1亿元。再比如说，有些公司花很多钱搞客户服务热线，结果客户好不容易把电话打通了，客服人员一问三不知，回答说：您还是来我们网点吧。花了很多钱，结果只告诉客户你们的网点设在什么地方，这样的客户开发费用和客户维护费用花得很冤枉，就属于典型的价值错位，必须得纠正。纠正了这些，这家公司的营销费用管控就到位了。至于营销人员多花了一点儿招待费，这当然不对，但是跟价值流向错位这件事情比起来就不值一提。如果我们把关注的重点放在管控那一点儿多出来的招待费上，就是捡了芝麻丢了西瓜，得不偿失。现在我给你讲的这个方法，就是让你把"西瓜"捡起来。

老师，营销费用价值流向控制法确实对我们有效评价和引导营销部门花钱有很大的帮助，可以有效地把握营销部门花钱的方向，我受到了很大的启发。

关掉不合理开支的水龙头

销售放飞如何沉没竞争投入

我们集团下面有个电子公司，是制造打印机的厂家，年均销售45万部打印机。今年该公司加大了市场竞争力度，首先在全国将每部打印机价格由500元降到450元，同时加大二、三线城市的广告投入力度，在报纸、电视上共投入广告费3 000万元。到六月份销量达到23.2万部。效果并不是很好，但营销部门认为广告投入不足，提出追加投入4 000万元。您说如此大力促销应该吗？

也就是准备打一场战役，发起市场总攻。这场战役该不该打？

我们不知道他们这么做是对还是错，只有等他们做完了以后才知道。

在这里我需要再提一次，彼得·德鲁克曾经说过，对既成事实的管理都是无成效管理。所以管理一定是在事前管理或者在过程之中管理。针对这种事情我们必须进行事前评价、事中跟踪。对于财务人员来讲，评价营销方案是件外行的事。怎么由外行变成内行？管理方法对了，你就由外行变成内行了。管控这一类活动的方法叫竞争回报增量法（Competition Reward Method）。这个方法怎么使用？我们先计算营销部门的竞争投入：打印机的边际贡献率是多少？

大概是45%。

竞争回报额=竞争投入÷边际贡献率。

竞争投入如表6-3所示。

表6-3　信胜电子营销部门的竞争投入统计表

竞争投入类别	投入额（万元）
降价投入	2 250
广告投入	7 000
合计	9 250

一部打印机原来卖500元，现在卖450元，降价50元，乘上45万部，降价投入就是2 250万元，广告投入7 000万元，总共是9 250万元的竞争投入。有投入就必须有产出，我们再计算一下应该出现什么样的产出才保证这个投入有效。最基本的原则是投入产

出平衡，就是不赔不赚，算清楚要将投入的钱挣回来需要一个什么样的增量回报，如表6-4所示。

表6-4　信胜电子营销投入的增量回报

名称	对应明细
竞争投入	9 250万元
产品边际贡献率	45%
销售回报	20 555万元
销售增量	45万台

　　打印机的边际贡献率为45%，用竞争投入的9 250万元除以45%就可以得到销售收入的增量约是20 555万元，再除以单价450元，就意味着销量要增加45万台。去年他们的销量已经是45万台，今年必须翻一倍才有可能不赔不赚，也就是说销量要提高到90万台。如果营销部门做不到，那投入的成本就是沉没成本。要做这件事的人有可能拍着胸脯说没问题，但是财务管理从来不是建立在谁的保证上，而是建立在数据之上。现在我们回过头来再去问生产部门。销量翻一倍，生产部门能生产出来吗？产能跟不上，即使拿到订单我们也交不了货。这就是无效投入。也许生产部门说通过代工生产（Original Equipment Manufacturer，OEM）的方式可以将产能提高一倍，但我们回过头来再问问供应商：零部件供应能翻一倍吗？供应商有可能会说不能，他们没那么大的产能。如果供应商供应不了，订单可能就放空了。也许供应商可以把供应能力翻一倍，但可能资金流、生产工人等方面又会出问题……显然，市场竞争是一个公司整体协同发展的问题，不是营销部门脑袋一热，独自发动一场战役。兵马未动，粮草先行。我们现在连粮草都没搞清楚，兵马先动了，可能就成了牺牲品。营销部门发起的这场战役需要产、

供、销、人、财、物全面跟上，有一个环节跟不上，这场战役就会失败，那前面的市场投入就会变成沉没成本。

盲目营销将企业推向深渊

上一节案例中营销部门要做的不是单纯的营销活动，需要企业内部整体协同配合。这个工作做不好，企业可能就会在轰轰烈烈的销售中凄凄惨惨地消失。下面给你举一个例子。

某酒厂原是一家乡镇企业，其实就是一个酿酒的小作坊。厂长想提高销量，就琢磨哪个地方的人喜欢喝白酒。有人说，十大名酒产地的人都喜欢喝白酒。但是显然到十大名酒的产地去卖，他的酒可能一瓶也卖不出去。后来他发现有一个地区的人特别爱喝白酒，但是不酿酒，就是东北地区。东北人爱喝酒是出了名的，而且喝酒不讲究，什么酒都喜欢喝，但是东北的酿酒业与其他地区相比并不发达。

于是，他就带着几个人去吉林长春卖自家的酒。当时这个酒还没有名气，他就在长春天空上放气球，气球上挂着标语宣传自己的产品。后来他又派人以买家的身份到长春的各个烟酒商店，挨个问有没有自家的产品，答案自然是没有。然后这些人就跟店老板说这个产品好，如果有请通知他一声，他要买几箱。他们几乎把长春的烟酒商店都跑了一遍。过几天，换一批人以厂家的身份去那些烟酒商店推销，问他们是否愿意经销这个酒。烟酒商店一看，之前一直有人来问这个酒，现在厂家出现了，太好了！于是，他们立即签了经销合同，商店付订金，然后厂家开始供货。这个产品在长春一下子就卖起来了。

这种营销方式其实也不新鲜，这叫饥饿营销。当然，当时他们也不知道这叫饥饿营销，反正东西卖出去了。一家乡镇企业供应一个城市还是可以的，赚了很多钱。赚钱了胆子当然就大了，该企业想把生意做到全国，于是到某知名电视台最受欢迎的节目打广告，但需要好几亿元的广告费。没钱就到银行去借，把借来的钱拿去打广告。广告一播，产品在全国的知名度就打开了，订单跟雪花似地飞向厂家，厂长高兴坏了，小酒厂开始向全国供货。一家乡镇企业的生产能力是非常有限的，根本就供应不了全国的货，于是他们就开始找别的地方酒。他们听说云贵川地区的人爱喝酒，也会酿酒，于是他们直奔云贵川把每家每户酿的酒全都收购了，把酒装进自家的瓶子并贴上自家的标签往全国各地发。其实这就是OEM的雏形，但问题是搞OEM是有技术质量标准的，代工厂家的产品达到自家的技术质量标准才能贴自家的标签。这家企业没有技术质量标准，只考虑到拿了经销商的钱就得赶快给他们供货，所以把每家每户酿的酒发给了经销商，卖给了喝酒的人。问题出来了，有人在产品里发现了苍蝇，要退货。喝酒的人找卖酒的，卖酒的就找供酒的。于是产品下架，退货退款。可是企业哪儿还有钱退款呢，钱早就拿去打广告了。后来这家企业的声誉一落千丈。是什么把这家企业推进了深渊？营销！盲目营销，超出了自己的供给能力，打破了供、产、销的平衡，把企业推进了深渊。如果老板一开始就懂得竞争回报增量法，这家企业现在也许会活得很好。因为喝白酒的大有人在，白酒市场是一个稳定而广阔的市场，但是这家企业却因为管理方法的错误痛失了在这个市场立足的机会。所以，一个好的管理方法实际上可以拯救一家企业。

盲目营销会把企业推向深渊

四千万元贵宾室改造何以变成了两千万元

有一个航空公司的财务总监跟我说他们公司的贵宾部给公司提了一个报告，打算对全国机场的贵宾室进行升级改造，这一共需要花4 300多万元。年初没有这个预算，现在他们打算要实施。总裁把这个报告转给了财务总监，问他这件事情该不该做。财务总监认为不应该，没有理由做。但是总裁都把报告转给他了，他总要说出点理由证明这件事不该做。这让他觉得很棘手。

让贵宾部做一张改造清单，看看都改造什么，每一项要花多少钱。

这个很简单，用竞争回报增量法来评价。贵宾室服务是提供给那些头等舱、公务舱、金银卡会员的。一共有多少会员，公司有名单；这些会员每年会给航空公司带来多少机票收入，公司有账。贵宾的机票收入的边际贡献率通常是80%，拿4 300万元除以80%，那就是5 375万元的销售增额。再用5 375万元除以会员的数量就可以算出会员平均每年应该增加多少机票购买量公司才可以不赔不赚。算出来的结果是会员在航空公司购买的机票应该比往年增加40%。现在我们就可以跟贵宾部签一份业绩协议，用三级递进目标确定贵宾部的考核指标，如底限目标是5 375万元，进取目标是6 000万元，挑战目标是8 000万元。然后将三级递进目标跟奖金和绩效工资挂钩。4 300万元花了以后，机票收入增量低于5 375万元就扣除贵宾部的绩效工资，超出5 375万元就按百分比给予奖励。这是在强化花钱的人的经济责任。财务总监用这个方法跟贵宾部沟通，贵宾部总经理坐在那儿5分钟没有说话。以前没有人这么做过，花钱就是花钱，现在花钱要承诺花钱的效果，而且要考核，还跟利益挂钩。后来贵宾部总经理把那个报告拿回去了，说回去再琢磨琢磨。过了两星期以后，他又把报告拿来了，说重新考虑了一下，贵宾室的升级改造不花那么多钱了，急需改造的地方改造一下，可改造可不改造的就算了，这样大概需要2 400万元。财务总监用一个简单的方法就把4 300万元的改造预算变成了2 400万元，而且贵宾部总经理愿意用竞争回报增量法对2 400万元的投入进行考核，因为他已经测算过了，完成这个指标的难度不大，他在量入为出。他以前为什么不这么做？因为以前他只管"出"，现在要他承诺"入"，所以他不得不量入为出。所以，只要成本管控的方法到位，就没有管控不住的地方。这个财务总监用这招让公司的费用支出减少了1 900万元，这是多大的贡献啊！很多公司年底的时候都会有一个高管述职报告会，即高管们跟董事会报告他们这一年做了哪些事，给公司做出了多大的贡献。销售、生产、采购、人力资源、研发部门的领导滔滔不绝，唯独到了财务部门，财务总监天天加班也说不清楚自己干了什么、做了什么贡献。有些财务人员觉得财务部门在公司里是个吃亏的部门，辛辛苦苦、兢兢业业地干活，到最后没人感谢你，这是因为你自己也说不清楚究竟干了什么。现在我们用这个方法就能把我们的贡献说得清清楚楚。清清楚楚地参与价值创造，明明白白地参与价值分享。

两个让营销部门"冒汗"的评价指标

在管控营销费用方面有两个不错的指标。第一个指标叫单位客户开发成本，指平均每个新客户需要花多少钱来开发。

单位客户开发成本=客户开发费用÷新客户量

新客户就是首次买我们产品的客户，可以进一步划分出今年、这个季度以及这个月新增的客户。

第二个指标叫单位客户维护成本，指平均每个老客户需要花多少钱来维护。

单位客户维护成本=客户维护费用÷老客户数量

我们用这两个指标去评价一家企业6年间在客户开发和客户维护
上花的钱的有效性，如表6-5所示。

表6-5 某企业6年间客户开发和客户维护费用表

	第六年	第五年	第四年	第三年	第二年	第一年
销售量（人）	1 730	1 660	1 200	990	1 148	1 067
新客户	1 350	1 300	880	710	798	697
老客户	380	360	320	280	350	370
销售费用（万元）	23 200	21 000	15 800	13 500	12 550	6 200
客户开发	4 300	3 500	3 200	2 300	1 500	1 000
客户维护	18 900	17 500	12 600	11 200	11 050	5 200
单位客户开发成本（万元）	3	3	4	3	2	1
单位客户维护成本（万元）	5.0	4.9	3.9	4.0	3.2	1.4

通过表6-5我们会发现，在营销费用里，客户开发和客户维护出
现了比较荒唐的价值流向。第一年的单位客户开发成本是1万
元，到了第六年，单位客户开发成本变成了3万元。理由可能是
客户越来越有经验了，也有可能是竞争越来越激烈。以前没有
什么选择，客户只能选择你，所以客户开发比较容易；后来竞
争对手都来抢客户，客户就开始在你们之间做选择，客户开发
就比较难，所以投入就比较大。我们再看看这家企业的单位客
户维护成本。单位客户维护成本第一年是1.4万元，到第六年变
成了5万元，这就荒唐了。客户维护是为了提高客户对我们公司

产品的满意度，从而留住客户。结果钱没有少花，不再选择我们的客户却越来越多，导致单位客户维护成本继续上升。这说明公司的钱没有花到重点上，客户维护工作没有做到位，公司需要好好分析一下问题出在哪里并尽快改正。所以这两个指标是我们评价客户开发和客户维护的重要指标。

温老师有话说

1.营销费用的价值一定要流向客户，如果流向其他部门或其他人，这钱就花得不值。

2.营销把东西卖给客户一定是一种价值传递。

3.行政管控需要的是行政权力，成本管控需要通过制度的建立来推动。

4.预算就是从源头堵住那些不合理的开支。

5.在营销费用的预算上，我们要把控营销费用的价值流向，不符合经营模式的开支必须砍掉。

6.财务管理从来不是建立在谁的保证上，而是建立在数据之上。

7.盲目营销，超出了自己的供给能力，打破了供、产、销的平衡，就把企业推进了深渊。

第 7 篇

研发费用的
管控

前情提要

营销费用管控虽然不容易，但在温老师的指导下，袁莲运用价值流向控制法对公司的营销费用进行价值流向评价，找到了营销费用的价值错位并做了调整，最终实现营销费用的削减，得到了老板的赞扬。

最近袁莲听说老板正在跟一个"专家"谈一个很大的研发项目，据说如果研发成功了，公司就能在某项技术上实现突破。袁莲以为该项目跟公司之前的那些研发项目没什么不同，研发部门把预算表报上来，老板签字，然后给他们钱就可以了。没想到这个"专家"一张嘴就要将近一千万元，老板为此很头疼，不知道该不该投，毕竟这笔钱不是小数目，他就来找袁莲商量。但是袁莲对研发一窍不通，她也不知道该怎么办。看看温老师给她支了什么高招。

研发费用是个无底洞

老师，上一次您给我介绍的营销费用管控方法效果显著。但还有一个费用比营销费用管控起来更麻烦，既抓不住又拦不住，就像是个无底洞，这就是研发费用。我们集团下面有一个中等规模的电缆企业，这个企业的电缆研发部门提出了需要投入994万元的研发项目，这笔钱由17个项目构成，如表7-1所示。研发投入占了一年利润的一半。这家企业是个高科技企业，每年投入都比较大，但是哪些该投、该投多少，我们其实也不清楚，因为技术壁垒很高。我们以前有个子公司就是被研发拖倒闭的。

表7-1　电缆企业研发项目的费用明细

单位：万元

序号	项目名称	金额
1	高强度铝合金导线	80
2	高性能风力发电设备用橡套软电缆	18
3	防硫化氢型承荷探测电缆	15
4	高承荷橡套软电缆	20
5	耐高温型矿物绝缘软电缆	12
6	0.6/1kV实芯铝导体电力电缆	15
7	GB5013新标准要求的新型绝缘胶配方研究	5
8	风力发电设备用高性能护套配方的研究	8
9	低烟无卤无毒阻燃护套橡胶配方的研究	8

续表

序号	项目名称	金额
10	2.0mm及以下小规格铝线的拉线绞制工艺	15
11	核电站电缆、机车车辆电缆可行性研究	10
12	护套屏蔽挤出设备改造	18
13	油矿电缆用导体软化工艺技术改造	15
14	氟塑料高温挤出机组	40
15	扩径母线装铠工序技术改造	220
16	高强度铝合金导线生产线完善和调试	160
17	中心实验室	335
	合计	994

这笔钱该不该花？把这个问题交给你，你的第一反应是什么？

我没在电缆企业干过，而且我也不是搞技术的，连名字都看不懂，我也不知道哪儿该花，哪儿不该花。财务部门评价不了啊！这是在给财务部门出难题。

让财务部门来管控研发费用等于又是让外行去管内行的事。前面的课程中我们讲的方法都是由外行管内行的，所以，只要管理方法到位了，路子正确了，就能管。永远记住，财务管理是拿钱说话，做的是价值管理，核心就是强化经济职责。我们不允许公司里有人肆无忌惮地花钱，最后交上来几张发票报账就完事儿了，不承担责任。财务部门有一个杀手锏，即价值点评价，只要找到价值点就可以评价。

研发价值评价展示

研发通常有5个价值点：第一个是技术突破，第二个是功能改进，第三个是品质提升，第四个是成本优化，第五个是外观改进。我们把上一节中的电缆企业的17个研发项目的研发费用进行价值流向归类，看看哪些项目是流向技术突破的，哪些项目是流向功能改进的，哪些项目是流向品质提升的，哪些项目是流向成本优化的，哪些项目是流向外观改进的。归类之后我们发现994万元的研发费用的价值流向很有意思，如表7-2所示。

表7-2　电缆企业研发费用的价值流向

金额单位：万元

序号	项目名称	金额或百分比	技术突破	功能改进	品质提升	成本优化	外观改进
1	高强度铝合金导线	80		80			
2	高性能风力发电设备用橡套软电缆	18	18				
3	防硫化氢型承荷探测电缆	15		15			
4	高承荷橡套软电缆	20	20				
5	耐高温型矿物绝缘软电缆	12			12		
6	0.6/1kV实芯铝导体电力电缆	15		15			
7	GB5013新标准要求的新型绝缘胶配方研究	5			5		
8	风力发电设备用高性能护套配方的研究	8				8	
9	低烟无卤无毒阻燃护套橡胶配方的研究	8				8	
10	2.0mm及以下小规格铝线的拉线绞制工艺	15					15

序号	项目名称	金额或百分比	技术突破	功能改进	品质提升	成本优化	外观改进
11	核电站电缆、机车车辆电缆可行性研究	10					10
12	护套屏蔽挤出设备改造	18				18	
13	油矿电缆用导体软化工艺技术改造	15			15		
14	氟塑料高温挤出机组	40		40			
15	扩径母线装铠工序技术改造	220			100		120
16	高强度铝合金导线生产线完善和调试	160				160	
17	中心试验室	335	335				
	合计	994	373	150	132	194	145
	比重	100%	38%	15%	13%	20%	15%

注：由于保留整数四舍五入，数据存在一定误差。

通过表7-2我们发现，这家电缆企业的研发费用的价值流向就像在撒胡椒粉，哪儿都研究。研发最忌讳的就是哪儿都研究，结果钱花出去了，哪儿都不出成绩。所以，必须要砍掉一些研发项目，确定哪些项目不研究。

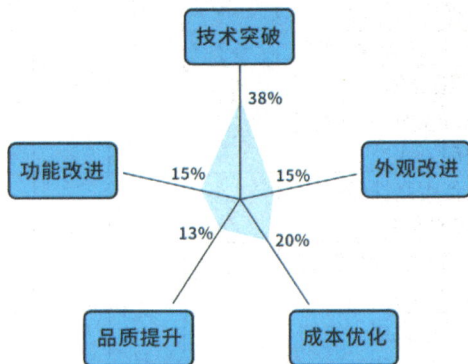

电缆企业研发费用的价值流向比重

"科技"骗你走上不归路

如果有人跟你说，现在做一项研发一旦有突破我们就能变成行业领先者，那他可能是个"科技"骗子。很多企业都上过"科技"骗子的当。

曾经有人到处用他所谓的科研成果跟企业谈，实际上他是骗子。他从兜里拿出一瓶油来，说这些东西是海水做成的，这个研发要花多少钱，然后让企业给他投资。有一家企业投了两千多万元，钱花完了什么东西也没做出来。他说要做出来还需要三四千万元，投还是不投啊？投了，东西要是做不出来，企业就要破产了，可是谁都不能保证这东西一定会做出来。不投，两千多万元就白花了，沦为沉没成本，毫无价值。

很多企业就是这样被拖垮的，所以企业想要实现技术突破非常难，我建议没有巨大财力的企业谨慎尝试。我们在技术上很难有能力替代谁，那么多有实力、有市场的企业聚集了那么多的科学家，也不敢保证在某项技术上是最领先的，不过是某一个方面比人家领先一两年。科技创新投入的成本是很大的，不是有科学家就行了，还要投入很多钱、设备、材料等，这些东西聚不到一起，有再厉害的科学家也没用。所以，技术突破不是我们想象的那么容易，功能改进相比起来投入要小很多，只要有这个需求，马上就可以把这个功能开发出来。网上有很多人说我国有"新四大发明"：微信、淘宝、滴滴和高铁。这四样东西其实并不是发明，而是在原始技术的基础上加了一些功能，如微信加上支付功能，再加上国家的大力支持，所以功能改进得很快。再比如高铁技术，20世纪80年代我去日本的时候，就坐日本的新干线，就是现在的高铁。三四十年前别的国家就有这个技术了，但是别的国家为什么不使劲修高铁呢？因为他们人口基数小，任何投资都要考虑收益。我国的高铁之所以发展得这么快，是因为我们有强大的需求，有了需求我们就会在技术上不停地升级改造。我们的应用环境好，所以技术应用得很快，同时也促进了技术升级。再来就是品质提升，即无中生有、有中生优。具体说就是你的质量不好但我的质量好，你的成本高但我的成本低，你的东西不美观但我的东西美观，这些都是研发部门要实现的。那么前面提到的电缆企业的994万元的研发费用究竟往哪里投才是对的呢？不能由研发人员说了算。一般研发人员对公司的财务以及业务的了解程度可能会有所欠缺，因此在确定研发项目和研发计划时，有时会按照自己的爱好和需求来定，而忽略了企业的真正需求。企业的研发费用应该往什么地方投？这个要参照价值流向的打分。价值流向的打分是由营销部门、生产部门或者通过第三方的调查公司从客户、市场、竞争对手处获得。要注意，研发部门还得研究竞争对手，为什么？我们不能研究那些比我们研究得更到位的东西，更不能想着掌握所有的技术。在专业化分工协作中，你不可能什么技术都精通，这样你付出的成本是很大的。而且什么技术都精通了，你就万事不求人了，就不用再跟别人协作、配合，很难再有发展空间。所以必须要营造你依靠我、我依靠你，我们谁都离不开谁的氛围，这样大家都能积极向上发展。

老师，这五个价值点归纳得很好，对我很有启发。每年研发项目有几十、几百项，哪个符合公司战略？每个项目的经济职责是什么，回报在哪里，都不是很明确。今后我们应该按照这个思路，给企业的研发定位。

企业要谨防"科技"骗子

发现研发费用投入错位

我们来看前面提到的电缆企业的994万元的研发费用中，哪些项目该做，哪些项目不该做。我们经过四方论证，最后给这家企业的研发费用的价值流向做了评分，如表7-3所示。

表7-3　电缆企业的研发费用的价值流向评分表

	研发费用	比重	价值评分
技术突破	373万元	38%	0
功能改进	150万元	15%	1
品质提升	132万元	13%	6
成本优化	194万元	20%	2
外观改进	145万元	15%	1
合计	994万元	100%	10

注：由于保留整数四舍五入，数据存在一定误差。

经过价值评分以后，我们可以看出，这家电缆企业在研发投入上是有问题的。客户实际上希望企业在产品品质上多下功夫，但是这家电缆企业在产品品质上只投入了研发费用的13%。近40%的研发费用被投在了技术突破上，而从企业和客户的需求上来说，这个方面的分值是零分。那就意味着这家电缆企业的研发费用里有将近一半的钱实际上和企业价值、客户需求不符，这就是研发费用投入错位。所以这家电缆企业必须削减技术突破方面的投入，转而在品质提升方面加大投入。从源头上纠正研发费用的价值流向错误，从根本上保证研发的价值流向和企业价值、客户价值一致。企业可以不必减少研发总投入，而是对研发费用的价值流向进行调整，如削减技术突破上的一些研发费用，转而投向品质提升。这样让研发火力更集中于突破一点，进而形成价值。

老师，价值点控制是对研发项目的方向性把控，防止研发投入与企业战略和市场方向相悖。但从每个项目里提出来的资金需求合适不合适呢？我们怎么判断呢？

这个确实有技术门槛。如果对这些东西不放心，可以花点咨询费用请专业的第三方机构进行论证。选择第三方机构时，一定要选择这个行业里技术领先、专业的机构，他们知道哪些方面的研发有意义，哪些方面的研发没意义，哪些研发项目有难度、需要花很多钱，哪些项目不需要花那么多钱。经过专业的第三方机构认证以后，我们还要进行有效的项目滚动预算监控。随着项目的推进，不停地评估项目资金投入的合理性和有效性。我们可以建立一个利益推动的机制，采用三级递进目标给研发项目组制定每个项目的底限、进取、挑战目标，与他们的利益挂钩。定目标的时候通常可以市场价值作为目标的参考数，就是如果我们从市场上直接购买这个研发项目需要花多少钱，这个参考数是我们用来考核研发部门对企业的贡献的标准。在这个基准值上我们再确定三级递进目标。比如某个项目的市场价值是10万元，我们可以确定研发投入的底限目标是10万元，进取目标是7万元，挑战目标是6万元，然后将目标和项目组的利益挂钩。如果市场上没有参考价值，我们就在项目预算的基础上确定三个目标。比如项目预算是200万元，我们希望追求节约，确定的三级递进目标可能是：底限目标200万元，进取目标160万元，挑战目标120万元，然后将其和项目组的利益挂钩。从目标、利益上引导研发人员既要完成研发项目，也要尽可能地少花钱。因为少花钱可以多得利，这样就形成了一种利益互动的机制。

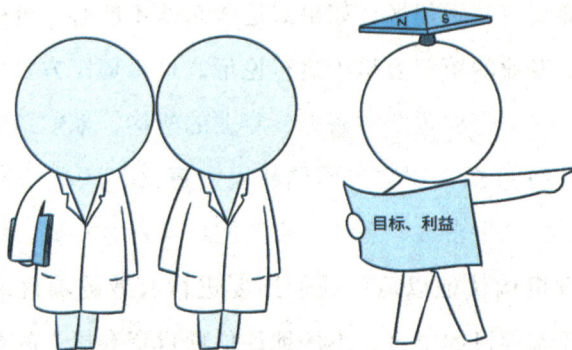

从目标、利益上引导研发人员

温老师有话说

1.财务管理是拿钱说话，做的是价值管理，核心是强化经济职责。

2.科技创新投入的成本是很大的。

3.企业要参照价值流向的打分确定研发费用应该往什么地方投。

4.从目标、利益上引导研发人员既要完成研发项目，也要尽可能地少花钱。

第 8 篇

ABB 实现资源合理配置

前情提要

袁莲使出研发费用的价值流向分析和价值评价的"杀手锏"，轻松地完成了研发费用的管控。但是，最近她又陷入了新的烦恼。年底了，各个部门报上来一大堆行政费用预算，这些费用预算看起来好像都合理，但又感觉花了也见不到什么效果，而且不清楚花多少合适，真是让人头疼。往年她都先看一下上一年花了多少，然后再按照一定的比例上调来审批行政费用预算。但是，自从她跟温老师学了成本削减之后，她就发现那些看似合理的做法常常存在漏洞，看起来很合理的费用预算其实有很大的削减空间。但是，这些行政费用预算不批的话，营销部门可能说我们不出差了，设计部门可能说我们不跟客户搞好关系了，生产部门可能说机器坏了不能用，我们不干活了，后勤部门可能说没有笔了你自己想办法……这样的话，公司还能正常运转吗？袁莲想到这里就害怕，她赶紧拨通了温老师的电话，向他请教行政费用管控的办法。

"杰克·韦尔奇死结"是怎么扣上的

温老师，营销部门花钱是为了把东西卖出去，生产部门花钱是为了把东西造出来，采购部门花钱是为了把东西买回来，设计部门花钱是为了把东西设计出来。也就是说，在这些地方花钱多多少少都能看到结果，但是行政部门花钱除了能看见发票，其他什么也看不见，更没办法评价效果。而且花钱的这些人基本上都是管理层，在沟通和责任的承担方面会有一定的难度。这种只见发票、难见效果的支出如何管控呢？

正是由于花钱看不到结果，所以给多少钱就花多少钱。那该不该花呢？那就要问这事儿该不该做，如果该做，那这钱就该花，这是行政费用管控比其他费用管控难的地方。所以，在管控行政费用时，源头控制非常重要。源头控制的重要方法就是预算管理。但是我们在第1篇第四节中说过，预算管理很容易出现"年初抢指标、年末抢花钱"的情况，进入"杰克·韦尔奇死结"。预算不但没有形成管控，反而出现了反向诱导。要想解决这个问题，就必须弄清楚问题根源所在。花钱竞赛是怎么产生的？我们来看一个案例。

　　讯通科技公司是一家生产、销售通信系统的高科技公司，上海分公司负责上海、江苏、浙江、福建4个省市的销售，销售队伍有18人，以往年度完成销售额如表8-1所示。

表8-1　讯通科技公司上海分公司年度销售额统计表

	年份				平均增长速度
	第一年	第二年	第三年	第四年	
销售额	560万元	720万元	970万元	1 540万元	40%
销售增长率		29%	35%	59%	
员工数量	8	12	15	18	31%
差旅费	50万元	89万元	132万元	154万元	45%
差旅费增长率		78%	48%	17%	
人均差旅费	6万元	7万元	9万元	9万元	

明年上海分公司的销售人员将增加到20人，销售目标是2390万元，请给上海分公司编制差旅费预算。

如果你是讯通科技公司的老板，你如何编制差旅费预算？

预算通常是和销售额挂钩的，同比例增长，应该是2 390 ÷ 1 540 × 154 ≈ 239万元。你觉得这个预算对还是不对？

你把差旅费当成了完全变动费用，随着销售增长而增长，这不符合差旅费的特点。出差的销售人员肯定有差旅费但是不一定有销售，有销售也不一定需要出差，这要看你卖的是什么东西，卖给谁。

有些子公司是按人数做差旅费预算的。去年人均差旅费是9万元，明年有20个人需要出差，所以差旅费预算是180万元。这个方法行吗？

说得有道理。差旅费跟销售额之间没有正比例的关系。异地拜访客户一定会产生差旅费，但不一定会有订单，但是肯定要拜访客户，那差旅费的预算还是应该给。于是，上海分公司的总经理就有意见了，他的销售任务增加了，人员也增加了，去年差旅费就花了154万元，今年差旅费只增加不到30万元，他没办法接受。他说："公司现在业务越做越大，拜访客户的次数越来越多，这样限制差旅费，销售还做不做？你们是要销售收入还是要差旅费？如果你们要差旅费，我们完全可以不出差。"他说的也有道理，怎么办呢？

有关预算编制的书介绍了一种方法——平滑移动预测法，看以前三年或者四年差旅费的平均增长速度。表8-1中显示讯通科技公司过去四年差旅费的平均增长速度是45%，明年的差旅费应该是154×1.45≈223（万元）。

现在最高的差旅费预算是223万元，最低的是180万元。说的都有道理，到底选哪个作为明年的差旅费预算？这对于外行来说，就是对错难辨。预算编制并不是不经学习，靠领悟就会的东西，也许学问并不是很深，就是窗户纸那么点儿学问，但是你不去捅，你就永远在窗户那边。刚才我们提到三个编制预算的方法。

$$2\,390 \div 1\,540 \times 154 \approx 239（万元）$$

$$20 \times 9 = 180（万元）$$

$$154 \times 1.45 \approx 223（万元）$$

得出三个结果，虽然金额不一样，实际上都犯了同一个错误，我们来看一看。依据去年的销售额和差旅费以及今年的任务，算出差旅费需要239万元，依据去年的人均差旅费和今年的人数算出需要180万元，依据过去四年的差旅费平均增长速度算出需要223万元。依据以往年度的数据来决定以后年度的资源配置，这种预算方法叫增量预算法，就是在一个数据上谈增加多少的问题，增量因素不一样，增加的幅度就不一样。都是在寻找增量因素，胆子大的寻找的增量因素值就大，胆子小的寻找的增量因素值就小。所以，差旅费预算究竟给多少是正确的，不是取决于方法，而是取决于胆量。祸根就是增量预算法。资源配置用增量预算法，一定会引发"年初抢指标、年末抢花钱"的情况，因为预算是依据上一年的支出来编制的。上一年花得越多，意味着预算越多。大家肯定会积极花钱，不可能考虑省钱的事，因为省得越多，后面预算就会越少。在讯通科技公司的差旅费预算编制过程中，增量预算法中还有一个增量因素危害性更大，就是明年的任务，为了得到更多的资源故意夸大明年的任务。销售目标原本是2 390万元，销售部门说太低了，应改成5 390万元。老板听了自然很高兴，因为销售部门把销售目标定得比他所期望的还高。然后销售部门便会要求按5 390万元的销售目标进行资源配置，老板顺理成章地就答应了他们的要求，结果预算资金被一分不剩地花掉，销售目标却只完成了2 000万元。其实从一开始销售部门报5 390万元的时候，就知道这个目标大概率完不成，他们报这个数字只是为了获得高资源配置。这样的事情在企业中有很多。

一个增量预算法预设的陷阱

我们公司三年前收购了一家公司，领导班子还是原来那些人，只是换了个老板。他们给老板提出了一个业绩倍增方案，按照这个方案，公司的业绩可以比收购前翻三四倍。老板对此非常支持。他们拿出一个需要投入一亿多元的方案，老板直接就批了。用一亿多元买地、建厂房、买设备、建生产线，结果业绩只增长了20%，跟以往年度增长幅度差不多。但是这一亿多元是贷款来的，公司背上了沉重的包袱，老板后来表示非常后悔。

那新增加的产能需要多长时间才能消化掉？

至少需要五年时间，这还是在行情好的情况下。行情要是不好，可能十年都回不了本。

你好像对这个行业很了解呀。

我们原来是竞争对手，后来该公司发展得不好，我们就把它收购了。

听起来好像你们是同行啊。也就是说你们不是外行，市场行情、客户需求、竞争态势你们应该比较清楚。在这种情况下，他们拿出一个业绩倍增方案，你们应该有评判的能力啊。就好比一个开了十几年餐馆的人，突然来了一个大厨告诉你，他要做法国大餐，需要一口大锅，你还真去买了一口大锅让他做法国大餐。凭着十几年开餐馆的经验，你应该知道做法国大餐可能不需要大锅。你们这种鉴别能力和外行好像没什么区别。

温老师，这不就是被人家灌了"迷魂汤"嘛。

的确，有些时候内行反而容易被灌"迷魂汤"。我儿子上幼儿园的时候，小朋友家长之间比较熟悉，相互之间的交往就比较多，后来有一个家长给另外一些家长推荐了一个投资项目——种树。这个家长说："我们到农村去租地，栽上树苗。树苗一天一天地长大，你的回报就一天一天地增加。等树长大了以后，我们建造纸厂、木材厂、家具厂，打造一个从树苗到家具的产业链，然后再上市。投资回报率增加几百倍，只赚不赔。"他用所谓的产业链描绘了一张蓝图，然后拿着这张蓝图让那些家长入股。有人投资200万元，有人投资100万元，也有人投资50万元……前前后后共集资3 000多万元，最后这些钱都打了水漂。种树，多么传统的一个行业，几乎每个人都可以说自己是内行，却被一个所谓的产业链"迷魂汤"灌晕了。其实有好多道理不是靠讲你就能明白的，要靠摔跟头、走弯路、付代价，你才能明白。更可怕的是摔得鼻青脸肿还是没明白。你们公司就是一个活生生的例子，人家用一个增量因素"骗"你进行资源配置，最后让你非常后悔。所以我说增量预算法在资源配置中的使用是一个容易摔跟头的陷阱。

增量预算法在资源配置中的使用是个"迷魂汤"

年底突击花钱的"幕后黑手"

很多企业的费用预算就是采用增量预算法来编制，每年必然会出现一个风潮——到了年底的11月、12月，各个部门发现还有好多钱没花掉，于是赶紧花钱。每年年底的时候就有人跟我说："温老师，我现在就把明年培训的钱付给你呗，你给我开张发票。我们预算没用完，先把账冲了再说。"活儿都没干就用发票冲账。更有甚者跟我说："温老师，培训费你自己留20%，80%打到我的账户去。"这些是贪污和违规，这种事情坚决不能做。有些企业也知道年底突击花钱的情况，所以每年都会发一个文件强调不允许突击花钱，但是收效甚微。因为你已经用增量预算法给人家配置了那么多资源，如果他们今年不想办法花掉，明年就得不到这么多资源了，所以你发再多文件、出再多政策都是治标不治本。

ABB 能实现合理的资源配置

温老师，你说的都对。但是不用增量预算法，用什么方法可以解决这个问题呢？

解决的方法就是ABB控制法。在第5篇我介绍了ABC，那个C现在改成了B。B的英文单词是Budgeting，意思是预算。ABB中首先得回答一个问题，即为什么要做出这个动作。为什么要出差？拜访客户。该去拜访吗？必须拜访。那以什么样的频率去拜访客户呢？客户越多，拜访的频率就越高。用什么交通工具去拜访客户？销售人员到那个地方以后住在哪里，吃什么？这些都是出差必须要花的钱。这些就是成本动因。销售人员出差以后，推动他花钱的成本动因主要有：异地客户量、出差天数、出差距离、交通方式、出差频率、出差标准。这些因素都可以界定，按年度界定不了就按照季度界定，按季度界定不了就按月界定。不是要百分之百准确，八九不离十就行。一个销售人员在他有效的工作时间内应该用85%的时间拜访客户。以前我们公司销售人员是没有办公室的，我们的理念是你的办公室在客户那儿。如果一个销售人员天天坐在公司里，他的销售业绩是很难提升的。因此，销售人员必须去拜访客户。客户和销售人员的距离决定了销售人员的交通工具，有些坐飞机，有些坐高铁，有些坐公交车、地铁，所以交通费不一样。住宿标准也不一样。同时，出差还需要有餐费补贴。这些构成了差旅费。我们采用这种方式看看讯通科技公司明年20个销售人员一年需要多少差旅费，如表8-2所示。

表8-2　讯通科技公司20个销售人员一年的差旅费预算1

	人数	出差频率	有效工作时间（天）				出差天数	交通费（元）		住宿费（元）		出差补贴（元）		其他（元）		明年预算（元）
			工作时间	节假日	公司年假	合计		标准	金额	标准	金额	标准	金额	标准	金额	
销售经理	1	60%	365	-112	-15	238	143	1 000	34 000	400	57 120	-	-	30	4 284	95 404
副经理	1	70%	365	-112	-10	243	170	800	27 771	300	51 030	-	-	30	5 103	83 904
区域经理	2	80%	365	-112	-8	245	392	500	17 500	260	101 920	120	47 040	30	11 760	178 220
主管	1	85%	365	-112	-8	245	208	100	3 500	200	41 650	120	24 990	30	6 248	76 388
销售员（上海）	3	85%	365	-112	-8	245	625	100	3 500	200	124 950	120	74 970	30	18 743	222 163
销售员（浙江）	4	85%	365	-112	-8	245	833	100	3 500	200	166 600	120	99 960	30	24 990	295 050
销售员（福建）	2	85%	365	-112	-8	245	417	100	3 500	200	83 300	120	49 980	30	12 495	149 275
主管	1	85%	365	-112	-8	245	208	100	3 500	200	41 650	120	24 990	30	6 248	76 388
销售员（江苏）	3	85%	365	-112	-8	245	625	100	3 500	200	124 950	120	74 970	30	18 743	222 163
销售员（安徽）	2	85%	365	-112	-8	245	417	100	3 500	200	83 300	120	49 980	30	12 495	149 275
合计							4 038	3 000	103 771		876 470	960	446 880		121 109	1 548 230

从表8-2可以看出，讯通科技公司明年20个销售人员需要差旅费约为155万元。去年花了154万元，增加1万元，上海分公司总经理肯定有意见。他说：销售任务比去年增加了，人员也比去年增加了，差旅费却基本不变，不合理！他在用增量预算法跟我们讨价还价。我们用的是ABB，他用增量预算法推翻这种方法。我在前面说了，不可以在资源配置中使用增量预算法，可是他还是顽固地要用这种方法，不是他不懂道理，而是因为这种方法对他有利。他想要273万元，现在跟他所期望的差118万元，怎么办？让他在我们这个预算表上想办法加上118万元，按照表中可以增加的项目一项一项往上加。零星的花销我们按每天30元做预算他没有意见，因为就算翻一倍，对差旅费预算的影响也

非常小。120元的出差补助，200元的住宿标准，这些都是公司规定，无法更改。交通方式是根据客户所在地的具体条件来定的，也没有什么调整的空间。剩下的唯一可以调整的就是出差天数了。我们现在界定的是有效工作时间内有85%的时间在拜访客户。他想要得到更多的差旅费预算就必然要增加拜访客户的频率和时间，所以他只能要求把出差频率增加到有效工作时间的100%。100%的工作时间都在拜访客户，这是一个多么好的销售人员。他只知道客户的门在哪里，根本不知道公司的门在哪里，甚至不知道自己的家门在哪里。当然，如果他能完成这个目标假设，我们就按这个目标为他进行资源配置。我们现在改成100%，如表8-3所示。

表8-3　讯通科技公司20个销售人员一年的差旅费预算2

	人数	出差频率	有效工作时间（天）				出差天数	交通费（元）		住宿费（元）		出差补贴（元）		其他（元）		明年预算（元）
			工作时间	节假日	公司年假	合计		标准	金额	标准	金额	标准	金额	标准	金额	
销售经理	1	100%	365	-112	-15	238	238	1 000	34 000	400	57 120	–	–	30	4 284	95 404
副经理	1	100%	365	-112	-10	243	243	800	27 771	300	51 030	–	–	30	5 103	83 904
区域经理	2	100%	365	-112	-8	245	490	500	17 500	260	127 400	120	58 800	30	14 700	218 400
主管	1	100%	365	-112	-8	245	245	100	3 500	200	49 000	120	29 400	30	7 350	89 250
销售员（上海）	3	100%	365	-112	-8	245	735	100	3 500	200	147 000	120	88 200	30	22 050	260 750
销售员（浙江）	4	100%	365	-112	-8	245	980	100	3 500	200	196 000	120	117 600	30	29 400	346 500
销售员（福建）	2	100%	365	-112	-8	245	490	100	3 500	200	98 000	120	58 800	30	14 700	175 000
主管	1	100%	365	-112	-8	245	245	100	3 500	200	49 000	120	29 400	30	7 350	89 250
销售员（江苏）	3	100%	365	-112	-8	245	735	100	3 500	200	147 000	120	88 200	30	22 050	260 750
销售员（安徽）	2	100%	365	-112	-8	245	490	100	3 500	200	98 000	120	58 800	30	14 700	175 000
合计							4 723	3 000	103 771		1 019 550	960	529 200		141 687	1 794 208

从表8-3可以看出，把出差频率改成100%之后，讯通科技公司明年20个销售人员需要的差旅费约为180万元。上海分公司总经理不管怎么努力也只是增加了25万元的预算，他原本想加118万元进去，却还有93万元无论如何都加不进去。现在我们不禁要问上海分公司总经理：既然销售人员100%的时间都在客户那儿，为什么要给差旅费呢？所以，他提出的100%的出差频率根本做不到。因为这个工作频率超过了销售人员的生理极限，他们的家人不允许，公司也不鼓励。这就是ABB厉害的地方，你可以讨价还价，但是没有太大的空间讨价还价，因为我们针对你的工作已经进行合理的资源配置。你再想往上要，就无法解释这钱你怎么花掉。我们既不问你去年花了多少钱，也不看你要完成的任务，只看你动作的合理性。资源配置足以支持做出这个动作，就是合理的资源配置。

ABB实现合理的资源配置

该花的钱不花，说明不作为

有一家新媒体公司用ABB给采编部门编制差旅费预算，采编部门非常乐意采用这种方法。因为以前他们就是采用增量预算法编制差旅费预算，然后公司觉得太高了便往下砍，非理性地砍，砍到最后采编部门都没办法去一线进行现场采访，因为没有差旅费了。现在采用ABB编制预算，采编部门认为比较合理。因为采编部门知道每年那些记者们会以一个什么样的动作频率去现场，根据这个动作频率编制差旅费预算应该比较靠谱。结果他们把预算报上来之后，财务总监头大了，明年需要的差旅费是500多万元，去年公司给的预算只有300多万元。财务总监就来问我怎么办，用ABB编制预算，费用不减还增加了，费用管控到最后是越控越大啊！我说过费用管控的目标从来都不是越控越小，我一直强调的是合理的资源配置。ABB可以让你的资源配置变得更合理、更靠谱。现在用ABB编制的差旅费是500万元，不是编制方法不对，不是资源配置不对，是你以前的编制方法错了，你给人家的差旅费太少了，不合理，结果让人家都没办法做出动作了。我们用这种方法纠正了你们过去错误的资源配置，这是对的。你要记住，成本管控并不是一味地追求成本削减。如果成本削减到最后引发少做事或者不做事，这就不是成本削减。低成本换来的是低效率、低质量、低效果，这违背了成本管控的基本原则。这个削减实际上是转嫁，而不是真正意义上的成本管控。所以ABB是一种合理的资源配置方式，既可以制止漫天要钱，也可以制止胡吃海喝。从这里大家可以体会到，该花的钱就得花，不花你也不是什么功臣，不花钱代表你不作为。这是成本管控里一个非常重要的管控哲学。过去财务部门给人的印象是"抠"，花什么钱他都心疼。现在财务部门的形象变了，告诉你该花的钱就得花，而且要好好花。这就是管理会计和财务会计由于工作目标不同而产生的不同的反应。

温老师有话说

1.在管控行政费用时，源头控制非常重要。

2.有好多道理不是靠讲你就能明白的，要靠摔跟头、走弯路、付代价，你才能明白。

3.ABB中首先得回答一个问题，就是为什么要做出这个动作，也就是找到成本动因。

4.如果成本削减到最后引发少做事或者不做事，这就不是成本削减。

5.该花的钱就得花，不花你也不是什么功臣，不花钱代表你不作为。

6.ABB是一种合理的资源配置方式，既可以制止漫天要钱，也可以制止胡吃海喝。

第9篇

如何发现质量成本中的烂投入

在上一节课中，温老师提到控制行政费用的方法——ABB，这个方法太厉害了。袁莲运用ABB对公司各个部门的行政预算都重新做了评价和调整，虽然大家都嚷嚷着给的预算太少，但都无法解释准备怎么花掉自己想多要的那笔预算，最后也只好按照公司的制度来。

经过这段时间的学习和实践，袁莲认为公司成本浪费的情况已经得到了极大的改善，成本削减的效果非常显著。

老板却来找她了。老板一见到她就说："袁莲，我们公司有一个大客户对产品有特殊的质量要求，你还记得吧？他今年突然要求我们提供每个月在质量成本上的投入，要不然他们就不订我们的货了，你赶紧报送一下质量成本！"

质量成本？公司好像从来都没有做过这方面的统计和核算，怎么报送？袁莲一边感叹休假的事又泡汤了，一边想着要赶紧再去跟温老师请教一下质量成本管控的问题该怎么处理。

老师，我们公司下面的很多公司每年都会在质量保证上花很多钱，尤其是奶制品公司，但是在质量上还是经常出问题。老师，质量投入如何保证有效性，如何控制质量开支。

你提的这个问题，有关质量成本管控。质量成本，顾名思义，就是为了让产品达到规定的质量标准花的钱，以及由于没有达到规定的质量标准而产生的损失。质量成本中有没有投入错位？用99%的成本去防范1%的差错，或者是把很多钱花在了错误的质量环节，造成成本和质量控制节点错位，钱花完了质量问题仍然存在。这个现象普遍存在。现在我们看一个案例。

原阳电缆公司一月到五月质量成本投入的情况如表9-1所示，请对该公司质量成本的有效性作出评价。

表9-1　原阳电缆公司一月到五月质量成本投入情况

单位：万元

质量作业名称	型号	用途或使用者	质量成本
电能认证（初次审核）			13.25
3C审核			1.40
3C模压标志审批			0.45
煤安认证			33.70
生产许可证比对试验费			0.02

续表

质量作业名称	型号	用途或使用者	质量成本
生产许可证			35.26
劳氏认证			5.59
阻燃标识认证			31.55
工资及保险			50.30
办公费			0.53
通信费			1.05
业务招待费			10.13
差旅费			9.92
车辆补贴费			0.92
交通费			0.23
运杂费			4.50
会务费/培训费			1.40
检测及辐照费			42.82
劳动保护费			1.11
其他；证书费			3.09
质量赔款			37.73
样品费			43.58
审核费			18.70
表格印制费			8.04
改造费			20.00
兆欧表	BY2671-Ⅲ	绝缘电阻测试	0.40
一体化直流高压发生器	ZGF-0(60KV、300mA)	电缆故障测试	3.70
兆欧表	ZC48-1(2500V)	测量绝缘电阻	0.20
兆欧表	ZC48-2(5000V)	测量油矿电缆绝缘电阻	0.20

续表

质量作业名称	型号	用途或使用者	质量成本
自动电阻电容电感测试仪	PM6306	测量通信电缆特性阻抗等	7.00
数字万用表	DT9205	技术中心用，技术中心试验人员用	0.02
游标卡尺	0-200mm	质量管理部用，新来人员使用	0.02
测厚仪	0.8-10mm	质量管理部用，质量管理部西区检查用	0.15
投影仪用玻璃尺	0-300mm(精度0.001mm)	质量管理部用，质量管理部西区检查用	0.02
半导体电阻测试仪	ZZJ-F	质量管理部用，生产许可证必备设备	4.00
热延伸检测设备		质量管理部用，现有设备已基本老化时维持使用	1.00
电缆故障定位仪	GZD-6A	质量管理部用，测量故障点	1.50
千分尺专用测力计	BY2671-Ⅲ	质量管理部用，计量检定千分尺用	0.50
退磁机	ZGF-60(60KV、300mA)	质量管理部用，计量检修量具用	0.20
卡尺挤压器	ZC48-1(2500V)	质量管理部用，计量检修量具用	0.20
表面粗糙度比较样块	ZC48-2(5000V)	质量管理部用，计量检定用标准器	0.30
二级塞尺		质量管理部用，计量检定用标准器	0.01
电桥夹具		各个检验站，测量电阻用	1.20

这家公司一月到五月在质量方面花了395.89万元，表9-1是他们质量作业花费的清单。请问哪些开支有问题？哪些有成本错位？哪些钱不应该花？你看到这么长的清单，如果没有思路、方法，根本就没有能力去评价，更没有能力去管控。所以，我一直强调成本管控的方法很重要。没有显微镜，你根本看不到微生物世界，这是一个需要工具和方法的时代。现在我们介绍质量成本控制的方法。质量成本按照投入的节点分为5个质量节点，分别是：预防、鉴定、内部故障、外部故障和外部保证。

预防：从事质量管理的专业人员工资及附加费，企业质量管理体系中为预防发生故障、保证和控制产品质量、开展质量管理所需的各项有关费用，质量培训费，质量奖励费，质量改进措施费，质量评审费，质量情报及信息费等。

鉴定：专职检验、计量人员工资及附加费，进货检验费，工序检验费，成品检验费，检测试验设备的校准维护费，试验材料及劳务费，检测试验设备折旧费，为检测、试验发生的办公费等。

内部故障：内部故障成本是指在交货前产品或服务未满足规定要求所发生的费用。一般包括：①废品损失；②返工或返修损失；③因质量问题发生的停工损失；④质量事故处理费；⑤质量降级损失等。

外部故障：外部故障成本是指交货后，由于产品或服务未满足规定的质量要求所发生的费用。一般包括：①索赔损失；②退货或退换损失；③保修费用；④诉讼损失费；⑤降价损失等。

外部保证：在合同环境条件下，根据用户提出的要求，为了提供客观证据所支付的费用，统称为外部保证成本。其项目包括：①为提供特殊附加的质量保证措施、程序、数据等所支付的费用；②产品的验证实验和评定的费用，如经认可的独立实验机构对特殊的安全性能进行检测所发生的费用；③为满足用户要求，进行质量体系认证所发生的费用等。

要使用质量成本管控中的"放大镜"

听起来很容易理解，但我记不住。

做个练习基本上你就能记住了。把表9-2中的质量开支的清单按预防、鉴定、内部故障、外部故障、外部保证5个节点进行归类。

表9-2 质量开支分类表1

单位：万元

质量作业名称	质量成本	预防	鉴定	内部故障	外部故障	外部保证
电能认证（初次审核）	13.25					
3C审核	1.40					
3C模压标志审批	0.45					
煤安认证	33.70					
生产许可证比对试验费	0.02					
生产许可证	35.26					
劳氏认证	5.59					
阻燃标识认证	31.55					
工资及保险	50.30					
办公费	0.53					
通信费	1.05					
业务招待费	10.13					
差旅费	9.92					
车辆补贴费	0.92					
交通费	0.23					
运杂费	4.50					
会务费/培训费	1.40					
检测及辐照费	42.82					
劳动保护费	1.11					
其他；证书费	3.09					
质量赔款	37.73					
样品费	43.58					
审核费	18.70					
表格印制费	8.04					
改造费	20.00					
兆欧表	0.40					
一体化直流高压发生器	3.70					
兆欧表	0.20					

续表

质量作业名称	质量成本	预防	鉴定	内部故障	外部故障	外部保证
兆欧表	0.20					
自动电阻电容电感测试仪	7.00					
数字万用表	0.02					
游标卡尺	0.02					
测厚仪	0.15					
投影仪用玻璃尺	0.02					
半导体电阻测试仪	4.00					
热延伸检测设备	1.00					
电缆故障定位仪	1.50					
千分尺专用测力计	0.50					
退磁机	0.20					
卡尺挤压器	0.20					
表面粗糙度比较样块	0.30					
二级塞尺	0.01					
电桥夹具	1.20					
合计	395.89					

温老师，归类之后我得到了表9-3。

表9-3　质量开支分类表2

单位：万元

质量作业名称	质量成本	预防	鉴定	内部故障	外部故障	外部保证
电能认证（初次审核）		13.25				
3C审核		1.40				
3C模压标志审批		0.45				
煤安认证						33.70
生产许可证比对试验费		0.02				
生产许可证		35.26				
劳氏认证						5.59

质量作业名称	质量成本	预防	鉴定	内部故障	外部故障	外部保证
阻燃标识认证						31.55
工资及保险		50.30				
办公费		0.53				
通信费		1.05				
业务招待费		10.13				
差旅费		9.92				
车辆补贴费		0.92				
交通费		0.23				
运杂费		4.50				
会务费/培训费		1.40				
检测及辐照费			42.82			
劳动保护费			1.11			
其他；证书费						3.09
质量赔款					37.73	
样品费			43.58			
审核费		18.70				
表格印制费		8.04				
改造费				20.00		
兆欧表			0.40			
一体化直流高压发生器			3.70			
兆欧表			0.20			
兆欧表			0.20			
自动电阻电容电感测试仪			7.00			
数字万用表			0.02			
游标卡尺			0.02			
测厚仪			0.15			
投影仪用玻璃尺			0.02			
半导体电阻测试仪			4.00			
热延伸检测设备			1.00			

续表

质量作业名称	质量成本	预防	鉴定	内部故障	外部故障	外部保证
电缆故障定位仪		1.50				
千分尺专用测力计		0.50				
退磁机		0.20				
卡尺挤压器		0.20				
表面粗糙度比较样块		0.30				
二级塞尺		0.01				
电桥夹具		1.20				
合计		160.01	104.22	20.00	37.73	73.93

我们把表9-3简化一下，如表9-4所示。

表9-4　质量开支分类简化表

单位：万元

质量作业名称	预防	鉴定	内部故障	外部故障	外部保证
合计	156.09	108.12	20.00	37.73	73.93
比重	39%	27%	5%	10%	19%

我们现在看一看成本流向和质量控制节点是否合理，如表9-5所示。

表9-5　质量成本流向表

	质量作业名称	预防	鉴定	内部故障	外部故障	外部保证
	合计	156.09	108.12	20.00	37.73	73.93
	比重	39%	27%	5%	10%	19%
质量控制节点权重		2	5	1	0	1

我们将成本流向与质量控制节点权重一对比就发现问题了。最应该花钱的地方应该是鉴定环节，结果该公司在预防上花了很多钱，这些钱其实并没有起到真正的质量控制作用。另外，外部保证成本投入超过了内部故障和外部故障的成本，意味着该公司在产品交付之前，在产品质量鉴定上没有花多少钱，反而在特殊客户、特殊规格、特殊要求方面花了很多钱。该公司很有可能出现为了满足某一个特殊客户的质量要求而进行大量投入的情况，实际上这个客户可能一年都不下一次订单。这就是质量投入与客户价值错位，也是我们给大家介绍的，质量成本控制的方式。

温老师，节点权重是谁定的？

每个公司针对自己的产品都会有质量控制的策略和定位。公司可能很多年前就把质量控制的点锁定在某一个环节，因为公司知道在哪个环节控制质量有效，而在哪个环节实际上无法很好地控制质量。这是公司的设计部门、营销部门、生产部门、采购部门坐在一起，对质量控制进行的策略上的定位，但是在花钱的时候是否遵循了策略和定位就不太清楚了。质量成本控制就是跟踪花的钱与确定的质量控制的策略和定位是不是一致，所以这是公司早就定好的。

质量控制策略是由多个部门共同商讨而来的

这个质量成本节点的归类由谁来做？每个月都要做吗？

质量控制的作业清单基本上在会计的账上是有记录的。但是这些记录分布在很多地方，有些是在质检部的账上，有些是在技术中心的账上，有些是在生产部门的账上，还有些是在采购部门的账上，并没有一个统一账户去总结和反映公司在一段时间内进行质量控制所花的钱。所以这就需要管理会计师设计一个质量成本控制台账。每个月要将涉及质量控制的所有支出记录在这个台账上，设计部门、生产部门、采购部门的支出都要记录，如果手工做这个台账就有点儿麻烦，因为会计在记录的时候不一定能同步，所以可以把这个台账建在ERP系统里。会计在处理某一项经济业务的时候，只要涉及质量控制的，系统会自动弹出对话框，让报账的单位在5个节点上选择，系统会自动将这笔钱记录到质量成本控制台账上。这个就跟我们前面讲的ABC动因量统计的功能差不多。现在很多企业的ERP系统没有这个功能，需要对系统进行功能扩展。从技术上来说，这没什么难度，花点儿钱就可以解决。现在智能化水平那么高，扩展这个功能来识别这些数据不是很困难，只要将数据标识清楚就行。

温老师，现在我们特别需要这个记录质量成本的台账，因为我们公司有个特殊的客户对我们的产品有特殊的质量要求。其中有一个要求就是提供每个月在质量成本上的投入，我们没这个东西，所以对方现在不想订我们的货了，老板很着急，一直要求我们报送质量成本。我们现在就头疼这东西怎么弄呢，您帮大忙了。

现在不头疼了吧？刚才我告诉你的这一套东西就可以解决这个问题。对方在质量上有额外的标准和要求，这属于外部保证成本。

温老师有话说

1.质量成本就是为了让产品达到规定的质量标准花的钱，以及由于没有达到规定的质量标准而产生的损失。

2.质量成本按照投入的节点分为5个质量节点，分别是：预防、鉴定、内部故障、外部故障和外部保证。

3.管理会计师要设计一个质量成本控制台账，每个月要将涉及质量控制的所有支出记录在这个台账上。

第 10 篇

成本削减中的
责任捆绑

前情提要

　　袁莲听了温老师关于质量成本控制的课之后，回到公司就立即在ERP系统里扩展了一个质量成本控制台账的功能，这样一来，不但每个月向客户提供质量成本投入的事可以轻松解决，还能够帮助公司有效做好质量成本管控，可谓一举两得。

　　然而，新的问题出现了。各个部门在实施本部门的成本削减方案时，都不同程度地遇到了其他部门的阻碍，甚至有些部门之间还闹得不可开交。一天之内，袁莲先是被生产部门经理拉着诉苦，说设计部门的设计影响他们的生产效率；接着又去做设计部门经理和采购部门经理的调解人，他们为了采购原料的问题在公司大吵了一架……

　　最后，袁莲只好跑到温老师那里寻求帮助。

老师，我们通过各种工具发现了各个环节中的成本削减空间，也制定了优化成本的措施。但是好像各个部门削减成本的积极性不高，他们认为增加了很多额外工作，需要加班加点，付出很多。

没错。我曾经在一家企业讲成本削减，企业的管理人员全参加了。很多人感觉收获满满，用他们自己的话说："温老师介绍的成本削减方法充满了正能量，我们觉得这些方法在我们企业里可以使用而且成效会非常好。但是我怎么就打不起精神去做这些事情呢？我们也知道很多领域不该花那么多钱，但是我们基本上是抱着视而不见的态度，因为总觉得花的不是自己的钱。所以温老师能不能给我们指条路，让我们打起精神去做成本管控，真正做到不该花的钱就不花，能少花的钱就少花。"这家企业其实人才济济，高学历、高智商的人很多，而我讲的成本削减方法都很简单、通俗易懂，但是方法懂了不代表他们就会去实践，所以我说要用制度推动。制度推动的四件事：目标引导、过程监控、结果考核、利益驱动。我们之前讨论时也提到了这一点，这次我们重点介绍结果考核和利益驱动。我们用那么多科学的方法找到了设计、生产、采购、研发、营销等领域里的成本浪费。成本浪费这个问题一天不解决，公司就损失一天的真金白银。所以，必须激励公司的管理人员打起精神做好成本管控。司马迁说："天下熙熙，皆为利来；天下攘

攘，皆为利往。"所以，激励的最好方式就是结果考核和利益
驱动。

怎么考核？

关联捆绑式考核。成本管控绝不是一个人或几个人就能做到
的，它需要各个责任中心之间相互支持、配合和协调。如果相
互之间不协调、不支持、不配合，某一个责任中心想实现降成
本的目标是很难的。上游的人总在那儿搅浑水，下游的人想把
水搞清是不可能的。设计部门优化设计改变了材料的规格和技
术要求，采购部门说买不来那些材料。生产部门发现有很多设
计流程造成了生产工艺浪费、设备浪费、生产效率低下，要求
设计部门进行优化，但是设计部门不愿意。采购部门发现国内
有替换的材料，价格可以便宜一半，但设计部门不愿意使用，
怕担质量风险。供应商要求把付款期由180天降到90天，同意降
低采购价格，采购部门很高兴，财务部门却不乐意。营销部门
说要发货，财务部门说客户欠款还没还，把钱拿来再发货。每
个人都在履行自己的职责，无可挑剔。每个人都想完成自己的
目标，但是别人不配合自己也很难完成，屡次遭受打击以后，
干脆就放弃了。我们即使通过绩效奖金激励他，但是他在努力
之后发现达成目标太困难了，也会选择不要这个奖金。要想让
这些部门在履行自己职责的时候积极地支持和配合其他部门，
我们就要用关联捆绑式考核法，请看表10-1。

关联捆绑式考核

表10-1　关联捆绑式考核表

成本控制项目	降低成本目标（万元）	降低途径	责任部门	间接责任	
				关联部门	关联程度
材料消耗降低	950	材料替换	研发部门	生产部门	80%
电力消耗降低	120	设备更新	设备部门	生产部门	70%
水消耗降低	50	工艺优化	生产部门	设备部门	70%
人工成本降低	100	生产流程调整	生产部门	人力资源部门	85%
供应性采购成本	450		采购部门	财务部门	80%
成本性采购成本	870	公开招标	采购部门	财务部门	90%
制造环节节约	210	减少材料浪费	生产部门	审计部门	85%
材料报废	60	及时预报处理	仓储部门	采购部门	80%
成品报废	80	及时预报处理	仓储部门	营销部门	70%
资金成本降低	150	优化融资渠道	财务部门	采购部门	60%
				生产部门	50%
				营销部门	70%
坏账损失	130		清欠办	营销部门	80%

表10-1中有降成本的目标、降成本的途径、直接考核对象和捆绑考核对象。比如成本性采购成本的降低目标是870万元，降低途径是公开招标，直接考核对象是采购部门，捆绑考核对象是财务部门，关联程度为90%。也就是说，如果这个目标完成了，奖励采购部门100元，就要奖励财务部门90元。这是目标关联、考核关联，利益也关联。由于大家都是利益共同体，为了一个共同的目标走到一起，即使相互之间有矛盾，遇到问题也不会相互推诿，而是坐下来想办法把问题解决了。这个时候财务部门就会坐下来和采购部门一起对供应商提出的要求进行测算与评估，一起推动供应商降低成本。设计部门和生产部门坐在一起，生产部门和采购部门坐在一起，他们都是为了一个共同的目标——降成本。

温老师有话说

1.成本管控绝不是一个人或几个人就能做到的，它需要各个责任中心之间相互支持、配合和协调。

2.要想让各个部门在履行自己职责的时候积极地支持和配合其他部门，我们就要用关联捆绑式考核法，让部门之间目标关联、考核关联、利益关联。

第 11 篇

成本削减后，
如何奖励最给力

温老师提供的关联捆绑式考核法实在是太好了！袁莲一边听一边在心里琢磨着回去该如何做关联捆绑式考核表。但是，如果只有考核没有奖励，恐怕也没有效果，过去一刀切的奖励办法肯定是行不通的。于是，袁莲又向温老师提出了疑问。

温老师，各部门实现了降成本的目标，公司给多少奖励合适呀？

我的建议是省下来的成本80%归公司，20%归部门。比如省下1 000万元，公司得800万元，给部门发200万元的奖励。当然也要看难度。有些部门降成本的难度比较大，可以五五分；有些部门降成本的难度非常大，需要付出很大的努力，甚至可以考虑全部奖励给部门，公司一分钱不取。第一年降成本的空间比较大，第二年就会减小，第三年就会更小，难度一年比一年大。所以，要按难度系数来考虑奖励。比如说，我们有个车间生产负荷没有那么饱和，工人们提出白天不开生产线，晚上开。因为白天用的是峰电，晚上用的是谷电，所以晚上耗电比白天要少，这样电费就降下来了。过去，工人晚上来上班是要给加班费的，现在他们只在晚上上班，就没有了加班费，公司把省下来的电费奖励给他们是合理的。一个月省下几十万元的电费，公司没必要去分。本身这笔电费节省难度大，金额却不大，每个工人分不到多少钱。再说成本这次降下来，就不会再涨上去。牛根生曾经说过一句话：财聚人散，财散人聚。所以做得好的企业的老板都是愿意跟员工一起发财的老板。如果只是老板自己发财，员工却没有发财，这样的公司一般都经营不了太长时间。所以，老板要明白，没有人可以真正做到无私奉献，有付出就要有回报，员工帮公司实现了成本削减，就应该得到奖励。

要按难度系数来考虑奖励

温老师，您说得很有道理。

成本削减这个话题我们从成本战略、策略、方法、工具方面展开了探讨，我们按照经济责任中心对设计、生产、采购、营销、研发以及行政部门成本和费用的管控方法和工具一一做了介绍。回过头来看一看这些方法和工具，都没有危害利益共同体，没有损害员工、客户、供应商、股东的利益，反而帮助他们增加了收益。我们没有向弱势群体转嫁成本，也没有让他们没完没了地削减成本，而是强调合理的资源配置。现在思想、理论、方法、工具都给你了，下一步你就要去寻找一块适合的土壤播种，有收获当然很好，没有收获也未必就是坏事。有句话说得好：失败乃成功之母。失败后找到了失败的原因，你的收获其实比成功了更大。你经常失败，失败多了，你就可以充当我的角色去给别人传授经验了。

温老师，我已经把您教给我的思想、理论、方法、工具在我们公司进行了实践。

太棒了！有收获吗？

收获特别大！以前我一直以为成本削减就是想办法省钱，现在我发现成本削减是把钱花在更有价值的地方，也就是人们常说的"该花的就花，不该花的一分钱都不能花"。我们老板以前觉得最好一分钱都不要花，但是自从我把你教的那些工具应用到公司的成本管控中之后，老板发现很多时候花小钱可以办大事，现在他也不再一味地要求我们省钱了，而是强调要通过合理的资源配置实现成本削减。这次来上课之前，我粗略地算了一下，今年在您的指导下，我在我们公司的设计环节、采购环节、生产环节分别制定了成本削减的制度，不到一年的时间已经削减了将近1亿元的成本。此外，我们在营销费用和研发费用这两项最难管控的费用上，也成功找到了价值流向错位的投入，不但为公司节省了一大笔钱，还规避了市场风险。我们财务部再也不是只管算账、报销的部门了，现在成了公司的香饽饽，老板希望我们帮他找到新的成本削减空间，其他部门也希望我们帮他们实现成本削减的目标，让他们拿到更多的奖金。

被大家信任和依赖的感觉不错吧？这就是财务管理真正的价值所在！

温老师有话说

1.成本削减目标实现后，省下来的成本建议80%归公司，20%归部门。同时，还要考虑降成本的难度系数，难度越大奖励越多。

2.降成本员工得到的是一次性奖励，公司得到的是永久利益。

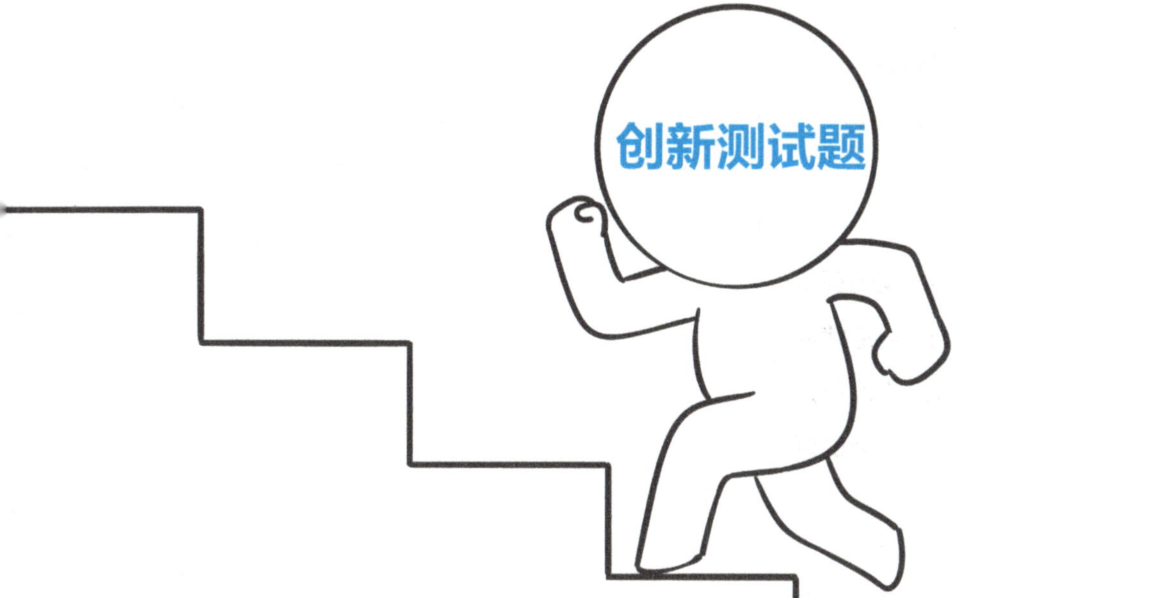

成本控制与成本削减

姓名：

得分：

1. 企业的最高使命是（　　）。

a) 发明创造

b) 创造就业

c) 价值回报

d) 社会价值

2. 财务管理的命脉是（　　）。

a) 强化经济职责

b) 强化领导责任

c) 强化投资回报

d) 强化行政职责

3. 履行经济责任的三个标志是（　　）。

a) 开源、节流、保质

b) 节约、及时、有效

c) 及时、保质、保量

d) 效率、效果、节约

4. 会计控制成本的最大弊端是（　　）。

a) 没有灵活性

b) 没有原则性

c) 事后管理

d) 制度第一

5. "杰克·韦尔奇死结"是（　　）。

a) 三拍预算

b) 两抢预算

c) 突击花钱

d) 虚报预算

6. 成本控制的最大误区是（　　）。

a) 向利益共同体转嫁成本

b) 通过提高劳动生产率降低成本

c) 成本投入与企业核心价值错位

d) 盲目扩大再生产

7. 预算管理成为成本推手的原因是（　　）。

a) 资源配置依照历史消耗

b) 引发"两抢预算"

c) 僵化企业经营管理

d) 资源第一，效果第二

8. 划分成本和费用的依据是（　　）。

a) 产品制造过程的直接消耗

b) 产品和服务具备特定功能而付出的代价

c) 与收入直接相关的费用

d) 生产车间的全部支出

9. 正确地划分成本，有利于（　　）。

a) 准确计算产品毛利

b) 准确计算产品利润

c) 准确核定与收入直接相关的费用

d) 准确计算产品边际利润

10. 企业发展战略的核心是确立（　　）。

a) 企业的社会价值

b) 企业的核心价值

c) 企业的社会责任

d) 企业的经营模式

11. 成本战略设计的基本目的是（　　）。

a) 保证公司长远发展方向

b) 保证公司长远稳定的盈利能力

c) 保证公司资产安全有效

d) 保证公司资源消耗与核心价值一致

12. 企业降成本最佳时期是（　　）。

a) 培育期

b) 成长期

c) 平台期

d) 成熟期

13. 企业的利益共同体是指（　　）。

a) 员工、供应商、客户和投资人

b) 员工、客户、社会和投资人

c) 社会、客户、投资人和供应商

d) 员工、客户、供应商和股东

14. 成本降低战略的最大误区是（　　）。

a) 通过抬高销售价格向客户转移成本

b) 通过延长劳动时间和强度向员工转移成本

c) 通过市场优势地位向供应商转移成本

d) 回避社会责任向弱势群体转嫁成本

15. 成本固化程度越高，意味着（　　）。

a) 成本应变能力越强

b) 成本控制越能出成效

c) 成本下降空间越小

d) 成本包袱越小

16. 增强成本竞争优势主要是力求降低（　　）。

a) 刚性成本下降

b) 固定成本下降

c) 变动成本下降

d) 可控成本下降

17. 产品成本能否转嫁给客户承担主要是看（　　）。

a) 客户承受能力

b) 客户对产品功能和价值的认同程度

c) 市场上产品供应的稀缺程度

d) 供应者对市场的影响程度

18. 降低变动成本最有效的手段是（　　）。

a) 降低原材料的品质和规格

b) 降低采购成本

c) 使成本、功能和价值流向一致

d) 减少产品设计中的非功能性设计

19. 成本功能价值评价法的核心是（　　）。

a) 把钱花在客户认同的地方

b) 把钱花在产品和服务的功能上

c) 把钱花在最表现产品技术的地方

d) 把钱花在销售人员认为最有价值的地方

20. 采购成本控制的最大障碍是（　　）。

a) 管理者无法准确判定成本控制的空间

b) 采购人员不愿积极地去降低成本

c) 采购成本不可能持续降低

d) 买方主导市场

21. 成本导向型采购是指（　　）。

a) 卖方主导供应市场

b) 买方主导供应市场

c) 国家主导供应市场

d) 采购量比较大

22. 杠杆控制法主要应用于（　　）。

a) 管理空间无法掌握

b) 没有有效的管理措施

c) 资源需求量无法界定

d) 管理者与被管理者认识差异太大

23. 杠杆控制法的工作原理是（　　）。

a) 认定管理空间后，强行推动

b) 通过利益机制，推动成本降低

c) 判定成本下降趋势，推动成本降低

d) 连续滚动挤压采购成本

24. 杠杆控制法持续效应主要表现在（　　）。

a) 排除采购成本人为操控

b) 减少供应商的不合理盈利

c) 防止采购人员欺诈舞弊

d) 滚动下压采购成本

25. 传统成本核算中存在的弊病是（　　）。

a) 模糊了成本与费用的界限

b) 没有真实反映产品的实际消耗

c) 无法准确计算变动成本

d) 无法准确计算企业净利润

26. ABC主要是解决（　　）。

a) 成本和费用准确划分

b) 变动成本和固定成本的准确分摊

c) 公共成本按实际消耗量分摊

d) 固定成本按产量分摊

27. ABC中公共成本分摊的依据是（　　）。

a) 产量

b) 员工数量

c) 实际消耗量

d) 定额

28. ABC的最大贡献是（　　）。

a) 发现了成本核算中的问题

b) 发现了企业的闲置消耗

c) 发现了企业成本中的浪费

d) 分清了产品的真实营利

29. ABC的三个方向是（　　）。

a) 增值、降耗、剔除

b) 增值、防范、控制

c) 降耗、减量、增额

d) 减排、减员、增效

30. 价值流向控制法主要应用在（　　）。

a) 无法判定资金投入的数量领域

b) 无法判断资金投入的价值回报领域

c) 成本投入无法在短时间内看到回报的领域

d) 成本投入与企业价值流向错位的领域

31. 价值流向控制法的工作原理是保证（　　）。

a) 花钱与企业营销模式的流向一致

b) 花钱与企业产品功能一致

c) 花钱与企业投资目的一致

d) 花钱与考核目的一致

32. 营销领域的价值流向控制主要是（　　）。

a) 保证营销费用与市场环境一致

b) 保证营销费用与竞争对手一致

c) 保证营销费用与客户价值一致

d) 保证营销费用与营销模式一致

33. 行政费用的控制方法是（　　）。

a) 杠杆控制法

b) 弹性控制法

c) ABB

d) 递减控制法

34. ABB的最大优势是（　　）。

a) 根据上年成本费用进行资源配置

b) 根据动作量进行资源配置

c) 根据公司财力进行资源配置

d) 根据贡献大小进行资源配置

参考答案：

1-5 为 cabcb;

6-10 为 abbab;

11-15为dddbc;

16-20为cbcaa;

21-25为bacdb;

26~30为dcbac；

31~34为bccb。